मेरी रचना, दिल से.....

विपुल कुलश्रेष्ठ

First Published in 2022

Becomeshakespeare.com

One Point Six Technologies Pvt Ltd
123, Building J2, Shram Seva Premises, Wadala Truck Depot,
Wadala (East), Mumbai 400037, India
T: +91 8080226699

Copyright © 2022, विपुल कुलश्रेष्ठ

©

ISBN - 978-93-5610-689-5

न ये गीत हैं, न कविता हैं,
न रुबाई हैं, न गज़ल हैं,
ये एक आशिक के दिल में,
खिलते हुए कमल हैं ।
दिलदार के लिए उमड़ता,
हुआ प्यार है ।
सरेआम मोहब्बत का, इज़हार है ।।

दर्द तुझे होता है,
टीस मुझे उठती है ।
कराहती तू है पर,
चीख मेरी निकलती है ।
शायद संवेदलशील हृदय को ही,
मोहब्बत की भीख मिलती है ।।

आवाज तेरी भर्राती है,
आँखें मेरी गीली होती हैं ।
गर तेरे आँसू बह निकले,
एक कटार नुकीली चुभती है ।।
जिसे दिलबर की आँखों में,
जहाँ की तस्वीर नज़र आती है ।।

ऐसे संजीदा दिल पर ही,
मोहब्बत कहर ढाती है ।।

माशूका के जिस्म के एक छाले से,
दिल पर सैंकड़ो छाले उभर आएँ ।।

उसकी हर वेदना और सिसकी से,
जिंदगी के काफिले रुक जाएँ ।
उसके चेहरे पे मलाल हो,
तो आसमाँ ही झुक जाए ।।

उसकी मुस्कान वापस आने पर ही,
खिज़ा में बहार आ जाती है ।
ऐसे भावुक मन को ही,
मोहब्बत की नेमत रास आ पाती है ।।

जाने कितने अफसाने लिखे गए,
जाने कितनी शायरी,
जाने कितने आशिक अमर हुए,
उनकी माशूकाएँ बावरी,
हर कोई चर्चा करता है,
हर कोई उदाहरण देता है ।।

पर सच्चा प्यार वही करता है,
जो दिलरुबा की हर पीड़ा जीता है ।
उसके हर ग़म को अपनाता है,
उसके ज़ख़्मों को सीता है ।।

जैसे ही तुझसे मोहब्बत हुई,
तेरा आशिक फिर से जवान हो गया ।
अरमान कुछ इस तरह उठे कि,
एड़ी तले आसमान हो गया ।।

परवरदिगार ने आगे कहानी कुछ ऐसी लिखी कि,
बंजर ज़मीन एक खिला हुआ गुलिस्तान हो गया ।।

अपने नसीब पर यकीन नहीं होता,
अविश्वास में न चैन से जागता हूँ,
बदहवासी में न चैन से सोता ।।

तेरे आँचल का साया ही,
मेरे लिए मेरा जहान हो गया ।
ये नाचीज़ देखते देखते,
तेरे हुस्न की बगिया का,
वाहिद बाग़बान हो गया ।।

लोग ताने देते हैं, उमर के,

बालो की सफेदी के,

कमज़र्फ क्या जाने असर,

दिलरुबा के हाथों की मेहंदी के ,

मेरी जवाँमर्दी देख मेरा हर आलोचक,

एकाएक बेज़ुबान हो गया ।।

तेरा हाथ थाम कर सफर ए जिंदगी,

सैर ए कहकशाँ हो गया ।।

आ मेरी बाँहो के घेरे में आ,

कभी शाम को आ,

कभी रात के अंधेरे में आ,

तेरे आग़ोश में आते ही,

जन्नत दिल का तपता रेगिस्तान हो गया ।।

लोगों को रुसवाइ करने दे,

जल भुन कर दिल उनका,

उनकी उम्मीदों का शमशान हो गया ।।

बिजली को कड़कते हुए देखा,और वो मेरे घर पर आ गिरी,
सूखा हुआ गुलशन भस्म हो गया, तकदीर कुछ ऐसी फिरी ।
मैं तन्हा था, नशाद था, सबकी नज़रों में बरबाद था ।
उसी गुलशन की एक नन्ही कली ने, निराश मन को आशा बँधाई ,
मैं तो हताश सा बैठा था ,उसने जीवन की दिशा दिखाई।।

अपने आप को समेट कर ,जीवन पथ पर चला भी ना था ,
संतुलन बना कर ,अपने दुख से उबरा भी न था, संभला भी न था।
कि तू एक खूबसूरत परी की तरह ,मेरे रूबरु आई ।
अंधेरे जाने कहाँ ग़ायब हुए, सुनहरी किरणे लहराईं।
तू ने अपनी जादुई छडी से ,ग़म हर लिए मेरे ,
अपने मुलायम पंखों से, घाव भर दिए मेरे ।

जान डाल दी फिर एक बार ,निर्जीव से शरीर में ।
पता ही ना चला कब जुट गए हम ,
मोहब्बत के ख़्वाबों की ताबीर में ।।

तू स्वर्ग की ठुकराई अप्सरा, मैं पृथ्वीलोक का दुत्कारा रक़ीब,
देखते देखते धड़कता दिल एक हुआ, आ गए हम इतने करीब ।।

अब तो जिंदगी का सफर सुहाना है, मेरा हमसफर इतना प्यारा है।
अफसाना लिखने के क़ाबिल है ,जो भी वक्त संग गुज़ारा है।।

छोटी सी जान, कंधो पर उठाये हुए, सारा आसमान।

न हारती है, न झुकती है , न जिंदगी से रूठती है ।

ये साहस की प्रतिमा है, धैर्य का समंदर है ।

हर थोड़ी देर में इसके जीवन में, आता कोई बवंडर है।

हालात से जूझने को सदा तत्पर, हिम्मत इस में भयंकर है।

रूहानी ताक़त से लबरेज़, बेपनाह प्यार इस के अंदर है ।।

कब के भुला दिए वो सितम, वो दर्द भरे अफसाने ,

अपनी पहचान बनाने निकल पड़ी, निडर हो कर सीना ताने ।

मुक़ाम हासील कर ही लिया, मेहनत से मशक्कत से ,

फिर भी नाता नहीं तोड़ा, दिल में भरी मोहब्बतें से ।

कभी नश्तर भी चुभता हैं दिल में, कभी आँखें भी नम हो जाती हैं ,

पर अपने दायित्व पूरे कर के ही, नींद इसे आती है ।।

दृढ़ निश्चय का प्रतीक है, तार तार दामन ओढ़ मुस्कराती है,

निर्भय मन से हर चुनौती को, देख हँसती है, खिलखिलाती है ।

कँटीली डगर पर पग लहुलुहान हुए, आ उनपर मरहम लगा दूँ मैं, प्रेम वर्षा में भीगो दू तुझे, तेरे आँसू भी पी जाऊँ मैं ।

ज़ुरत न कर सके कोई, तुझ पर वाहियात इलज़ाम लगाने की ,

मैं हर कदम तेरे साथ हूँ, तू न परवाह कर बेदर्द जमाने की।।

एक नाजनीन एक मेहज़बीन से कल मुलाक़ात होगी,

दिल नाचने लगेगा जब प्यार भरी बात होगी ।

चारों ओर से खुशी की बरसात होगी,

मेरी बाँहो में मेरी शरीक़ ए हयात होगी ।।

कल का सफर सुहाना सफर होगा,

न कोई फ़िक्र ,न कोई पाबंदी ,न कोई डर होगा ।

मौसम का मिज़ाज़ गरम भी हो ,तो किसे असर होगा,

जब मेरा हाथ थामे ,मेरा हमसफर होगा ।।

प्रीतिभोज करेंगे राह में रुक कर ,

रस पान से प्यास और बढेगी मोहब्बत की डगर पर ।

एक दूजे में डूबे हुए, रास्ता तय कर जाएंगे, मैं और मेरी दिलबर।

रंगारंग झाँकियाँ होंगी, रंगारंग होंगे मंज़र ।।

हँसते खेलते मंजिल आ ही जाएगी ।

एक जोगी एक जोगन की भक्ति, संत को, जरूर लुभाएगी ।

दो दिलों से जो प्रार्थना निकलेगी वो, उनके दिल को पिघलाएगी ।

उनके आशीर्वाद से मन की मुराद पूरी हो जाएगी ।।

चोर की तरह, मेरा दिल चुरा कर ले गई ,
एक दिल की ही दौलत थी, वो भी तू उठा कर ले
गई ।।

चोर की तरह, मेरा चैन चुरा कर ले गई ,
इत्मिनान को ढूँढता हूँ, सर्द आहें ही बस रह गईं ।।

चोर की तरह, मेरी नींद चुरा कर ले गई ,
आँखों आँखों में रात गुज़रती है, ख़्वाबों की उम्मीद डह गई ।।

चोर की तरह मेरी हवस की आग, चुरा कर ले गई, धमनियों में रक्त उठता
है, पर आग की जगह पानी की नदिया बह गई ।।

चोर की तरह, मेरी तमन्नाएँ चुरा कर ले गई ,
तन्हाई कैसे काटूँ, तेरी यादों के सिवा मेरे पास कुछ भी नहीं ।।

चोर की तरह, मेरा चुलबुलापन चुरा कर ले गई ,
उदासी और बदहवासी के अलावा, मेरे पास कुछ छोड़ा नहीं ।।

चोर की तरह, मेरी गर्मजोशी चुरा कर ले गई ,
आग़ोश में भरता रहता हूँ, कभी मसनद कभी तकिये कई ।।

चोर की तरह, मेरा चारो पहरों का, एहसास चुरा कर ले गई,
कब साँझ होती है, कब सुबह होती है, इसका कोई इल्म नहीं ।।

चोर कहूँ, या सीतामगर कहूँ, कातिल कहूँ, या खुदा का कहर कहूँ
चाहता है दिल तुझे, दिलरुबा कहूँ, दिलबर कहूँ, महबूबा कहूँ,
बंदापरवर कहूँ।।

तेरा हंसना मुस्कुराना, कभी जरा सी बात पर लड़ जाना,

कभी कांपती आवाज़ से नाराज़गी जताना ।

फिर मेरे मनाने से मान भी जाना ,

मेरे हर लतीफे पर खिलखिलाना ।

मेरी जरा सी हरकत से खुश हो जाना,

कभी आंखें तरेरना ,कभी आंखो में चमक ले आना ।

कभी सलाह देना ,कभी सलाह लेना ,

कभी दिल के गुबार उड़ेल देना ।

कभी अपने हुस्न की दौलत मुझ पर लुटाना ,

कभी बेबाक हो मुझी को मुझसे चुराना ।

कभी मेरे जख्मों पर मरहम लगाना,

कभी छोटी सी प्यारी सी गुड़िया बनना ।

कभी मुझसे लिपट मेरी लाड़ो बन जाना,

कभी जिद्द करना, कभी फरमाइशें करना ।

कभी मासूमियत से, मेरे सीने पर सर रख सो जाना ।

हर अंदाज़ दिलकाश, हर अदा जानलेवा,

हर व्यवहार में भोलापन, हर हरकत प्राणदेवा।।

मेहबूबा थी, प्रियतमा थी, अब जीने का सहारा बन गई हो तुम,

मेरी उफनती, छटपटाती, जीवन की नदिया का किनारा बन गई हो ।

तुम दिलरुबा थी, हमनवा थी,
अब जिंदगी की इमारत का नींव का पत्थर बन गई हो तुम,

मेरे तड़पते दिल से, निकली दुआओं का असर बन गई हो ।

तुम मेरी मोहब्बत थी, मेरा प्यार थी, अब जीने का मक़सद बन गई हो तुम,

जिसके दरमियाँ रहना चाहूँगा हरदम, वो सरहद बन गई हो ।

तुम मेरी प्रीत थी, मनमीत थी,
अब जिसे सदा निभाऊंगा वो रीत बन गई हो तुम ,

जिसके बोल खून ए दिल से लिखे हो, स्वर धड़कनों से रचे हों,
वो गीत बन गई हो ।।

हम रुबरु ना भी हो पर आवाज से जुड़े रहते हैं,

आवाज़ से बनी हुई दुनिया में कभी घूमते हैं,

कभी उड़ते हैं, कभी बहते हैं ।

आवाज से कभी खुशी का इज़हार,

कभी ग़म के अफसाने बेशुमार ।

कभी गला भी भर आता है, आँखों में आँसू भी होते

हैं ।।

आवाज़ से हँसी मजाक, कभी शरारतें प्यारी,

आवाज से बरकरार रहती है हममे, तडप और

बेकरारी ।

आवाज से बेइंतेहा मोहब्बत, बेइंतेहा प्यार,

आवाज़ से शिकवे गिले भी हज़ार ।।

कभी गला भी भर आता है, आँखों में आंसू भी होते हैं।

फिर आवाज़ से ही सुलह भी होती है ,

और आवाज़ की वजह से ही चैन से सोते हैं ।

सुबह का आगाज़ भी आवाज़ से होता है,

शाम का परवाज़ भी आवाज़ से होता है ।

आवाज़ ही हमराज़ बनाती है ,

आवाज़ कभी गीत गाती है, कभी गुनगुनाती है ।

आवाज़ के साथ ही रात आती है ।

जाने कितने रूमानी ख्याल जगाती है ।।

कभी दाद देते हैं ,
कभी तारीफ करते हैं ।
जान एक दूजे पर न्यौछावर करते हैं,
एक दूजे की आवाज पर मरते हैं।।

तेरी उदासी मेरी जान ले लेती है,
तेरी खामोशी सैकडों पैगाम दे देती है ।
कभी पैगाम आपबीती के,
कभी घर की राजनीति के,
कभी पैगाम नाराज़गी के,
कभी कड़वे सच जिंदगी के,
हर बार हमारे रिश्ते को,
नए आयाम दे देती है ।
तेरी उदासी मेरी जान ले लेती है ।

जी करता है उड़कर तुझ तक पहुँच जाऊँ,
सीने से लगाऊँ तुझे अपनी बाहों में उठाऊँ,
तेरे चेहरे पर मुस्कान की खातिर खुद को लुटाऊँ ।
हर वो चीज जो तुझे तकलीफ दे,
तेरे इर्द गिर्द से हटाऊँ ।
तुझे इल्म नहीं कितने सपनो को,
मेरी मोहब्बत अंजाम देती है ।
तेरी उदासी मेरी जान ले लेती है ।

मोहब्बत है, मोहब्बत में,

यही सब कुछ तो होता है ।

चोट एक को लगती है,

दिल दूजे का भी रोता है ।

खामोशी चीखती है,

जहन में हल्ला सा होता है ।

जो लव्ज़ नहीं कह पाते,

वो खामोशी कहती है ।

तेरी उदासी मेरी जान ले लेती है ।

छोटी सी मुलाक़ात ने,

बेकरारी और बढ़ा दी ।

मानो भरे हुए सागर से,

पिये हुए एक घूँट ने,

प्यास और जगा दी ।

मुलाक़ात ख़ुशगवार थी,

शाम हसीन थी,

रात ख़ूबसूरत ।

तेरे जाने के बाद,

सांसों में तेरी खुशबू थी,

आगोश में तेरी गरमी,

आंखें में तेरी सूरत ।

ख।लीपन इतना की,

भरा ही ना जाए ।

चारों ओर से घेरे हुए,

तेरी यादों के साए ।।

ख्वाहिशें इतनी रंगीन,

इतनी बेबाक, ढाती कयामत ।

अरमानों की फेहरिस्त ज़हन में,

पूरा करने की हसरत।

अगले मिलन की चाह में ,

एक हूक जगाती हुई ।
दिल से उठी प्यार की,
भूख लगाती हुई ।।

दूर रहना दिन ब दिन, मुश्किल होता जाए ।
दोनो तलाशें एक दूजे को, कोई ना किसी को पाए ।।
जो पल साथ गुजारते हैं, वही जिंदगी होती है ।
वफा कहो, मोहब्बतें कहो, हमारे लिए वो बंदगी होती है।।

तेरी शायरी पढ़कर, तेरे इश्क पर क़ुर्बान हो गए ।
इस क़दर प्यार उमड़ा कि मोहब्बत की ख़ान हो गए ।।

तेरे प्यार की सच्चाई, जज़्बातों की गहराई देख,
मोहब्बत की दुनिया के, शहंशाह अज़ीमोशान हो गए ।
पहले उजडे हुए चमन थे ,तुझसे मिलने के बाद, गुलिस्तान हो गए ।।

तू यूँही अगर लिखती रही,
पन्नों से झाँककर मुझे देखती रही ।
तो देखेंगे हम दोनो खुद ,
परवरदिगार का फरमान हो गए ।
तेरी कलम का रुख सुभानअल्लाह,
दिल की लगी का सुख माशाअल्लाह,
तेरे साथ ज़िंदगी के रास्ते कहकशाँ हो गए ।।

आ बाँहों मे भर लूँ तुझे ,
पलकों पर बिठा लूँ,
तेरे नाज़ नखरे सर पर उठा लूँ ।
आज तू मेरी दिलबर,
हम तेरी जान हो गए ।।

शायरी मैं भी करता हूँ,
पर तेरी शायरी पर फिर भी सौ बार मरता हूँ ।
कलामों की दुनिया में सिर्फ हम तुम हैं,
बाकी सब अंजान हो गए ।।

महफ़िल हो या तन्हाई हो,
तुम क़दर दिल में समाई हो ।
की हर वक़्त तुम्हारी याद आती है ,
तुम्हारी तस्वीर आँखों में तैर जाती है ।।

अब तारीफ हो या रुसवाई हो,
मुझे वफापरस्त कहो या हरजाई कहो,
ख्यालों की बेल तुम्हारे इर्द गिर्द ही मंडराती
है ।
कभी उदास करती है,
कभी तड़पाती है ।।

सफर ए जिंदगी आसान हो,
या मुश्किल हो ।
चाहे कुछ खोऊँ ,
या कुछ हासिल हो ।।
तुम्हारा तसव्वुर करते हुए ही,
राह काट जाती है ।
पता भी नहीं चलता,
और मंजिल आ जाती है ।।

चाहे सवेरे की ओस की बूँदें हों,

चाहे पलकें खुली रखें, या मूँदें हों ,

कई बार सबर की गगरी, छलक जाती है ।

हर साँस, तुझे आवाज़ दे बुलाती है ।।

आज तन्हाईयों से कह दो,
वो आज की ही मेहमान हैं ।
कल मेरे साथ होगी जो,
मेरी माशूका, मेरी जान है ।।

उदासीयों से कह दो,
कहीं जा कर चुप जाएँ ।
आज से ही घेरेंगे मुझे,
खुशीयों के गहरे साए ।।

परशानियों से कह दो,
उनकी क्या औकात है ।
मेरी बाँहो में, मेरी मेहबूबा मुस्कुराएगी,
तो रौशन होगी जो कायनात है ।।

ग़म से कह दो,
हमारे आस पास भी ना फटकना ।
रंज से कह दो,
कहीं दूर जाकर भटकना ।।

कल मिलन का उत्सव,मनाया जाएगा ।
कल्पनाओं से हकीकत को,सजाया जाएगा ।।

मदमस्त भी होंगे, मधहोश भी होंगे ।
एक दूजे की आग़ोश में, बेहोश भी होंगे ।।

दुनिया जहान से बेखबर, चल देंगे प्रेम की डगर ।
मोहब्बत से सराबोर, सुहाना सफर ।।

जहाँ रुक जाएँ वही प्रेमनगर ,एक दूजे के इश्क के बीमार,
एक दूजे के चारागर ।।

लोग हमसे कहते हैं, अच्छी जगह घूम आएँ,
मदीरा पान कर, थोड़ा सा झूम आएँ ।।

कितना गलत है,उनका बयान ।
कितना सीमित है, उनका ज्ञान ।।

क्यूंकी हम साथ होते हैं,
तो इस क़दर एक दूजे में खोते हैं ।।

दो दिल साथ धड़कते हैं,
रगो में शोले भडकते हैं ।।

मदीरा पान होता है,
खूबसूरती का बखान होता है ।।

पर सब से ऊपर एक दूजे में,
एक दूजे का जहान होता है ।।

हँसी बाँटते हैं, खुशी भी बाँटते हैं,
हद तो यह हैं, हम तो एक दूजे की,
खामोशी भी बाँटते हैं ।।

सूर्योदय, सूर्यास्त, नई छटा की शेखी बघारते हैं ,
जब हम एक दूजे की बाहों से उन्हे, टुकुर टुकुर निहारते हैं ।।

हरियाली, गुलशन में खिले फूल,
और नदिया का किनारा ।
कुछ अलग ही सौंदर्या बिखेरता है,
जब हाथों में हाथ होता है साथिया का,
छोटा छोटा प्यार प्यारा ।।

हमदम का बनाया हुआ हर निवाला,
छप्पन भोग से ज्यादा बेहतर होता है ।
माशूका का पिलाया हुआ पानी भी,
शरबतों से ज़्यादा तरावट देता है ।।

नज़ारे ज़रूर दिल बहलाते हैं,
पर मेहबूबा के जलवे ही हैं ।
जो सुख दिलाते हैं ।।

लोग हैं, इस बात को नहीं समझेंगे ,
फिरके भी कसेंगे, साधरण उपमाएँ भी देंगे ।
लेकिन लोगों की, परवाह न कभी की है ।
ना कभी करेंगे एक दूजे के साथ के लिए,
हमेशा तरसते आए हैं हम,
इसी तरह एक दूजे पर मरेंगे ।।

जिस जन्मदिन का आगाज़ तेरी आवाज़ से हो ,

खुदा ऐसा जनमदिन हर बार आए ।

हर बार नगमों की सौगातें मिले,

बधाई से छलकता प्यार मिले,

खुशी मिले इतनी की आँख भर आए ।।

ता उम्र तू मेरे साथ रहे,

मोहब्बतें में डूबे अल्फाज़ कहे ।

इतने ज़ख्म दिल ने, सौ बार सहे,

तू अपने स्पर्श से, उनपर मरहम लगा जाए ।।

हर सालगिराह प्रेम का त्यौहार बने,

पाक प्रीत का इज़हार बने ।

ख़ूबसूरत पलों के फूल तू खुद चुने,

और उनका हार मेरे गले में पहना जाए ।।

तुझे गले से लगा लू पर दूर हूँ मैं,

बाँहों में उठा लूं, पर मजबूर हूँ मैं,

तेरे दीवानें के नाम से मशहूर मैं,

तू भी मेरी बावरी के नाम से विख्यात हो जाए ।।

पुल बांध दिए तुमने मेरी तारीफों के,

तुम्हारे अलंकार मोहताज नहीं तारीखों के,

खुशी की लहर दौड़ गई दिल में, और कुछ ख़ौफ़ भी हुआ।

क्या उतर पाउंगा, तुम्हारी अपेक्षाओं पर खरा,

मोहब्बत बेइंतहा है तुमसे, और सदा रहेगी ।

जो भी करता हूँ इसी के दायरे में है,

उल्फत कोताही नहीं करेगी ।

सिर्फ वादा कर सकता हूँ तुमसे,

ये अल्फाज़ निकल रहे हैं दिल से ।

के सफर ए जिंदगी को,

खुशनुमा बनाऊँगा ।

जितने फूल मेरी झोली में हैं उनसे,

प्यार की बगिया सजाऊँगा ।

बचपन में तुम्हारा,

हाथ थाम कर चला था ।

तब भी तुम्हे हमेशा,

महफूज़ रखा था ।

आज जब हाथ थामा है तुम्हारा,

तो जज़्बा वही है ।

मेरे रहते तुम्हें छू पाए,

ऐसी बाला कोई नहीं है ।

थोड़ा सिरफिरा सही,

थोड़ा जज़्बाती सही,

थोड़ा फौलाद हू ।

थोड़ा मोम का पुतला सही ।।

अवगुणों की मुझ में, कमी भी नहीं ,

पर एक गुण है मुझमे, बेवफा मैं नहीं,

हालात हमारे पक्ष में, नहीं होंगे, मानता हूँ ।

पर चिंता ना करो, और कुछ जानूँ ना जानूँ,

मै, प्रेम का रिश्ता निभाना जानता हूँ ।।

तुमसे मिलने को बेताब मैं भी रहता हूं,
मुझसे मिलने को बेताब तुम भी रहती हो ।
अच्छा लगता है, मचलकर जब तुम ये बात कहती हो ।।

समझ में आता है अब, परवाने को जलने में मज़ा क्यों आता है,
अपनी बेताबी और प्यार की हसीन, सज़ा वो पाता है ।
समझ में आता है मोहब्बत में बुलबुल, गुल के गीत क्यों गाती है,
समझ में आता है भँवरे की गुन गुन , फूल में क्या अरमान जगाती है ।।

इंतज़ार का इक पल कयामत है, इसलिए कयामत से ख़ौफ, किसको है,
मोहब्बत का मुरीद ही वो शक्स है, बेताबी की कद्र जिसको है ।
एक अर्से के बाद के मिलाप का रंग ज्यादा ही रचता है,
खून ए जिगर से रंगा लिबास ज्यादा ही जंचता है ।।

तेरे साथ खुशी बाँट कर, और खुश हो जाता हूँ ।

तेरे साथ गम बाँट कर, गम भूल जाता हूँ ।

दिल झूम उठता है जब, तेरे संग खिलखिलाता हूँ ।

तुझे बाँहो में भरकर आराम और चैन पाता हूँ ।।

तेरी बाँहों का हार, पहन मन्त्रमुग्ध हो जाता हूँ ।

तेरी व्यथा सुन सांत्वना, मेरे मन से निकलती है ।

तेरे आँसू देख छुरी, दिल पर चलती है ।

तू जब चहचहाती है तो, मैं भी चहचहता हूँ ।

तू गुनगुनाती है तो, मैं भी गाने गाता हूँ ।।

कभी तेरा सर सीने पर, रख कहानियाँ सुनाता हूँ ।

कभी तेरी बातें सुन, उनमे खो जाता हूँ ।

ये कैसा रिश्ता है, ये कैसा नाता है ।

समय के साथ और सुदृढ होता जाता है

पास रहूँ या दूर रहूँ, तुझे समीप ही पाता हूँ ।

ख़्वाबों में ख्यालों में, भी अठखेलियाँ करता हूँ ।

समाज के प्रतिबंध या जग रुसवाई किसी से नहीं डरता हूँ ।।

तेरी अदाओं के तो मुद्दत से कयाल हैं हम ।

उसपर तेरा मुस्कुराना कमाल है ।

जैसे आसमान में चांद रोशनी बिखेरता है ।

उसपर तारों का टिमटिमाना बस कमाल है ।

वैसी बातें तेरी बहुत रसीली होती हैं ।

उसपर आंखों का चमक जाना बस कमाल है ।

जैसे पहाड़ों के पीछे से सूरज का निकलना दिलकश
है ।

उस पर ठंड में धूप से सिक जाना बस कमाल है ।

वैसे ज़्यादातर तू खुशमिज़ाज ही है ।

उसपर मेरे लतीफ़ों पे तेरा खिलखिलाना बस कमाल
है ।

जैसे झरने के पानी का गिरना नैनाभिराम हैं ।

उस पर धारा की कल कल आवाज का आना बस कमाल है ।

तुझे बाँहों में लेना सुख देता है ।

उसपर होंठो का छू जाना बस कमाल है ।

जैसे मय का पीना मधहोश करता है ।

उसपर पर छलाकता हुआ पैमाना बस कमाल है ।।

आँधी आए, बवंडर छाये, मुझे परवाह नहीं ।

मेरा हाथ थामे खडी है, मेरी हमनाव मेरी हमनशीं,

सितम ढाए, इल्ज़ाम लगाए, कोई फरेबी

हम किसी की नज़र ए करम के मोहताज नहीं ।

हर अंत के बाद नई शुरुआत होती है ।

पतझड़ के बाद ही नई कोंपल नई कली खिलती है।

घाव लगाये या हाथ फैलाए कोई हरजाई ,

अपनी मेंहबूबा के लिए मेरा पाक साफ जज़्बा रहेगा यही।

तुम और हम मुश्किलों पर फतह, करते आए हैं ।

हमारे खिलाफ जो थे, शिकस्त की गागर भरते आए

हैं ।

आज हम साथ हैं तो हमसे मुकाबिल हो, किसी की औकात

नहीं ।

हम फिर जीतेंगे, दिल में हैं जज़्बाती यही,

इस रात के बाद जो सवेरे आएंगे बहुत हंसी होंगे ।

दोनो के उजडे गुलिस्तांनो में फिर खुशी के फूल महकेंगे।

आने वाले सुनहरे कल को कोई रोक सकता नहीं ।

हमारी मोहब्बत से टकरा सके, इतना कोई पुख्ता

नहीं ।।

मेरी उदास सी जिंदगी खुशग़वार हो गई ।

जब से तुझसे आँखें चार हो गई ।

दिल के वीरानें में बहार आ गई ।

जबसे तेरे इश्क की मुझ पर, फुहार छा गई ।

ना रुसवाई का डर ना दुनिया की फ़िकर,

अपनो की मर्ज़ी के खिलाफ बनी मेरी हमसफर।

तू क्यूँ इतना परेशान होती है ।

क्यूँ रह रह कर अपनी आँखें भगोती है ।

मैं तेरा हूँ और सदा तेरा ही रहूँगा,

वक्त बदले तकदीर बदले मैं न बदलूँगा ।

थोड़ा ज़हीन, थोड़ा पागल, थोड़ा शैतान, थोड़ा जज्बाती,

तेरा मेरा साथ रहेगा जैसा दीया और बाती ।।

जितना जिंदादिल अभी हूँ,उतना हमेशा रहूँगा ।

कभी खफा भी होऊंगा ,और कभी बेइंतहा प्यार करूँगा।

नोक झोंक होगी, मस्ती भी होगी, और कभी लड़ना मनाना ।

चाहे जो हो जाए, ये बंदा रहेगा तेरा दीवाना ।

कभी हक जाताउंगा, कभी नखरे भी सहूँगा ।

जिंदगी को खट्टी, मीठी, चटपटी यादों से भरूँगा ।

माना तूफ़ान आया है ,नैय्या डगमगायी है ।

हार मानी नहीं ,कभी मुँह की नहीं खाई है ।

हर तूफान से तेरा हाथ थामे बेख़ौफ़ लड़ूँगा ।

चाहे तेरे जीवन में हो ,या मेरे जीवन में, फतह

करुंगा ।।

चारों ओर मेरे जब परशानियों की बला घूमती है ।

तस्व्वुर में मेरे तू मुझे चूमती है ।

रंज और ग़म की स्याही जब हर ख़याल को रंगती है ।

मेरी कल्पना की उड़ान तुझ को ढूँढ़ती है ।

हकीक़त जब ख़ौफज़दा करने पर उतरू होती है ।

मेरे ख़्वाबों में तू मेरे रुबरु होती है ।

जब आज़ात भय से जिस्म में सिहरन दौड़ती है ।

तेरे बहुपाश की याद इस तिलस्म को तोड़ती है ।

वैसे निडर भी हूँ,और दबंग भी हूँ ।

तजुर्बेकार ए मैदान ए जंग भी हूँ ।

पर जब भी कमज़ोरी मेरी झलक जाती हैं ।

तू सिपहसालार की तरह हिम्मत बंधाती हैं ।

तेरा मेरा साथ चोली दमन का हैं ।

हमारा प्यार पलों का नहीं

सारे जीवन का हैं ।

मैं तेरी ऊर्जा,तू मेरी ताकत बनी रहे ।

मैं तेरा निगेहबान, तू मेरी सरपरस्त बनी रहे ।।

जीवन काँटों की बगिया है ।

उसमे तू फूलों की सेज है ।

चारों ओर अंधेरे हैं जहाँ में,

तू सूरज का तेज है ।

जिंदगी की भूल भुलैया में,

तू दिशा निर्देश है ।

मेरी भँवर में फँसी नैया में,

तू पहने नाखुदा का परिवेश है ।

जब असमंजस में होता हूँ,

सबसे पहले तू याद आती है ।

कभी सलाह देती है खैरख्वाह बन,

कभी प्यार से समझती है ।

कितनी भी जटिल समस्या हो,

तुझसे मिलते ही आसान नज़र आती है ।

कितनी भी सख़्त परीक्षा हो,

तू उत्तीर्ण कर जाती है ।

इन्सान नहीं तू मेरे लिए,

एक मेहरबान फरिश्ता है ।

जिसका कोई नाप नहीं,

ऐसा गहरा हमारा रिश्ता है ।

मोहब्बत की देवी भी हम दोनो पर,

निहाल हो जाएगी ।

सारे जान ने वालों में,

हमारी मिसाल दी जाएगी ।।

लोग मौत के बाद जन्नत की बातें करते हैं ।
मुझे जीते जी जन्नत हासिल हुई है ।।

चारो ओर खुशी के फूल महके हैं,
हर दिशा से आई है मोहब्बत की पवन ।
ज़मी पर पांव नहीं पडते मेरे,
जबसे इठलाती हुई आई है मेरी गुलबदन ।
उसके कजरे की धार भी बड़ी कातिल हुई है ।
मुझे जीते जी जन्नत हासिल हुई है ।।

उसकी शोख अदाएँ उसकी लरजती सी आवाज,
उसके रसीले होंठों और मैं आशिक मिज़ाज़,
प्यार भरी बातें करते हैं ।
उसका बर्ताव मधहोश कर जाता है ।
वक़्त कुछ देर के लिए ठहर ही जाता है ।
हमारे फरमान के हिसाब से पेश आता है,गुज़रता है ।
उसकी हर हसरत मेरे फ़र्ज़ की फ़हरिस्त में शामिल हुई है ।
मुझे जीते जी जन्नत हासिल हुई है ।।

मुँह से अल्फाज निकलते हैं और नगमे बन जाते हैं ।
मेरे खून ए जिगर के कतरे,
उसके पांव की पाजेब बन जाते हैं ।
मैं उसका नसीब वो,
मेरी मुस्तक़बिल हुई है ।
मुझे जीत ए जी जन्नत हासिल हुई है ।।

तेरी मोहब्बत मेरे हिस्से में आई है ,
इस से बड़ी मिल्कियत क्या है?
तेरे दिल में मैंने जगह बनायी हैं ।
इस से बड़ी मेरी शख्सियत क्या है?

मायूस था हालातों से एक अरसे से,
बारिशों में भी हम थे ।
एक बूंद को तरसे से,
आज तूने प्रेम फुहार बरसाई है ।
तो बहारों से शिकायत क्या है?
तेरे दिल मे मैंने जगह बनाई है ।
इस से बड़ी मेरी शख्सियत क्या है?

अतीत की तरफ अब देखते भी नहीं ,
आज स्वर्णिम है , कल और स्वर्णिम होगा,
ये बात वक्त ने कानो में कही ।
तू बांध बन कर आ गई ,
आँसुओं की नदिया जब बही ।
प्यार की दौलत जो तूने मुझ पर लुटाई है,
इस से बड़ी इनायत क्या है?
तेरे दिल में मैंने जगह बनायी है ,
इस से बड़ी मेरी शख्सियत क्या है?

मैं तुझ पर मरता हूँ ,
तू मुझ पर मरती है ।
प्रीत का इज़हार मैं भी करता हूँ,
तू भी करती है ।
हँसी खुशी दोनो की जिंदगी गुज़रती है ।।
हर साँस के साथ हमने ,
एक दूजे की खैर मनाई है ,
इस से बड़ी इबादत क्या है?
तेरे दिल में मैंने जगह बनायी है ,
इस से बड़ी मेरी शख़्सियत क्या है?

तेरे साथ, आने वाले कल के,

सपने सपने बुनता हूँ ।

जो साथ गुजारे हैं हमने वो हसीन,

लम्हें लम्हें चुनता हूँ ।

सोच सोच कर दिल में,

गुदगुदी गुदगुदी सी होती है ।

नज़र हर समय वो खुशनुमा,

एहसास एहसास पिरोती है ।

याकिन कर इसी कार्यकलाप में,

न जागता हूँ न सोता हूँ ।

जो लम्हे साथ बिताए हैं ।

उन्हे जहन में,

दोहराता दोहराता रहता हूँ ।

कभी हँसता हूं कभी मुस्कुराता हूँ,

दीवानगी दीवानगी सहता हूँ ।

तेरी चमकती आँखें, तेरी प्यारीखिलखिलाहट याद कर,

इतराया इतराया फिरता हूँ ।

हकीकत क्या है ?

खबर नहीं।

खुशी का सबब क्या है? खबर नहीं।

माधहोशी के से आलम में दिन में,

तारे तारे गिनता हूँ ।

हबीब कहो या मुरीद कहो,

तेरा नाम नाम जपता हूँ ।

सरदी के मौसम में भी सदा,

इश्क की आग आग में तपता हूँ ।।

चरागों से कह दो टिमटिमाना छोड दे ,

दिलबर की आँखों की याद दिलाते हैं ।

गुलशन से कह दो तबस्सुम तब बिखेरे,

जब हम संग मस्कुराते हैं ।

चाँद से कह दो बदली में छुप जाए,

ज़मी के चाँद के अंदाज़ रौशन कर जाते हैं ।

घाटाओं से कह दो ऐसा समा बनाएँ,

जैसे मेरी दिलरुबा के गेसु लहराते हैं ।

समंदर से कह दो अपनी गहराई पर नाज ना करे,

हम तो प्यार में ही डूबते जाते हैं ।

दरख़्तों से कह दो ऐसे डोल जाएँ,

जैसे माशूका के कदम दिल लुभाते हैं ।

सूरज से कह दो अपना तेज कहीं ले जाए ,

हम तो जिस्म की आग से ही आँच पा जाते

हैं ।

नदिया से कह दो हमे भँवर से ना डराए,

हम तो तूफ़ानों से अपनी सेज सजाते हैं ।

रेगिस्तान से कह दो,

तपती रेत का कोई काम नहीं ।

हम तो मोहब्बत से सींचकर ,

बंजर जमीं को भी मधुबन बनाते हैं ।

सितारों से कह दो ऐसे झिलमिलाएँ,
जैसे अपने आँसुओ की बूंदों से ,
हम यार का चितवन भिगाते हैं ।
सारी कायनात की ख़ूबसूरती एक तरफ़ ,
और मेरी महबूबा की हँसी एक तरफ़,
उसका हुस्न, उसकी मासूमियत,
जिंदगी को जीने लायक बनाते हैं ।।

गुलशन के फूलों की महक,
पेड़ों पे चिड़ियाओं की चहक,
हमें अब रास आती नहीं ।
तेरे बग़ैर ऐ दिलरुबा,
अब ज़िंदगी काटी जाती नहीं ।।

दिल में बसी हुई कसक,
जिस्म से अरमानों की दहक,
अब संभाली जाती नहीं ।
तेरे बगैर ऐ हमनावा,
अब ज़िंदगी काटी जाती नहीं ।।

आँखों से दूर हुई चमक,
चेहरे से उतर गई दमक,
अब वापस आती नहीं ।
तेरे बगैर ऐ जानेजा,
अब ज़िंदगी काटी जाती नहीं ।।

मैखाने में जाते बहक,

इस उमर में उठी हुई ठरक,

अब क़ाबू में आती नहीं ।

तेरे बग़ैर ऐ माशूका,

अब ज़िंदगी काटी जाती नहीं ।।

नए नए मोहब्बत के सबक,

उठती गिरती कलम की लहक,

मिलन की प्यास बुझाती नहीं ।

तेरे बगैर ऐ दिलबारा,

अब ज़िंदगी काटी जाती नहीं ।।

वो क्या है जो तेरी नाक पर बैठा रहता है ?
बिन बुलाए महमान की तरह ऐंठा रहता है ।।

हर बात में दखल दे,
अपना ही बयान देता रहता है ।
हम तो इतने करीब हैं जैसे,
दो जिस्म एक जान।
इतने घुल गए हैं जैसे,
आत्मा और प्राण।
फिर ये कैसे दोनो के बीच,
घुसपैठिया बना रहता है ।
जो सोचा भी नहीं था,
वो कहता रहता है ।।

दोनो मोहब्बत के,
टूटे धागों से बंधे हुए हैं ।
उजले भविष्य के,
चिरागों से सधे हुए हैं ।
ये क्यों हर बार दर्द देता है,
जो मेरा दिल सहता रहता है ।
क्यों सिले दामन को,
उधेडने में लगा रहता है ।।

तुम बेचैन हो जाती हो,

मैं परेशान हो जाता हूँ ।

मुँह खोलता हूँ प्रीत का गीत गाने के लिए,

पर उदासी की धुन ही गुनगुना पाता हूँ ।

ये क्यों खुशनुमा पलों पर,

स्याही बिखेरता रहता है ।

प्यार भरी नज़र के पीछे से,

आँखें तरेरता रहता है ।।

बात कुछ नहीं होती,

पर फिर भी बात निकालता है ।

प्रेमलाप करते में,

सैकड़ों विघ्न डालता है ।

ये क्यों आलिंगन के बीच,

समाता रहता है ।

जो नहीं कहना चाहते हैं ,

वही मसला, कहता रहता है ।।

वो क्या है,जो तेरी नाक पर बैठा रहता है?

मेरा पहला प्यार है तू,

मेरे विचलित मन का करार है तू,

सारी दुनिया हो जाए एक तरफ,

मेरे बुलंद हौसलों का सार है तू ।।

तू दूर होकर भी हमेशा करीब है मेरे।

तेरे होने से ही रुखसत होते हैं उदासी के डेरे।

जो सालों बाद मिली वो मंजिल का दारोमदार है तू ।।

कंटीली राहों से हो कर जहाँ पहुँचा हूँ,

वो फूलों से भरा गुलज़ार है तू ।

ये मौसम ये फ़िज़ाएँ बेमतलब थीं ।

हरियाली और मस्त हवाएँ किसी और की जानिब थीं ।

मेरी जिंदगी में जो आई वो बहार है तू ।

मेरा खुशनुमा और कशिश भरा संसार है तू !

तेरे आने से दिल बेबाक हो गया।

गमों से भरा गिरेबाँ चाक हो गया ।

मेरी खामियाँ छोड़ खूबियों की तलबगार है तू।

खुदा की रहमत का जीता जागता इजहार है तू।।

मिलन की आस में,

दिन महक उठा है ।

रात महक उठी है ।

सोयी सोयी सी जिंदगी,

अचानक चहक उठी है ।

पुरानी मुलाक़ातों के,

मंज़र आँखों में तैर जाते हैं ।

तड़प जगाते हैं कभी ,कभी तनबदन में आग लगते हैं ।

संजीदा सी ,गंभीर सी ,तबियत, बिन पिये ही बहक उठी है ।।

ह।लात कुछ ऐसे हैं कि,

मसरूफियत है सरगर्मी है ।

तबियत नासाज़ सी है,

तेवरों में नर्मी है ।

कल की सोच के अरमानों की चिंगारी,

बेसाख्ता दहक उठी है ।।

तुम साथ न हो तो,
बहार रास आती नहीं ।
बादल बरस रहे हों बेशक़,
बारिश प्यास बुझाती नहीं ।
तुम्हे आगोश में लेने की,
बेकाबू सी कसक उठी है ।।

तुम भी बेकरार हो वहाँ,
मैं बेकरार हूं यहाँ,
चारो ओर फूल खिले हैं ।
पर वीरान है दिल का जहाँ,
कुछ नई गुस्ताखियाँ करने की,
चाहत याकयाक उठी है ।।

कुछ सपने हम आँखें खोल के देखते हैं ।
कुछ बंद आँखों से खुदा दिखता हैं ।
खुली आँखों के सपने खुशी देते हैं ।
बंद आँखों के सपनों से कोई इशारा, कोई संकेत, नज़र आता हैं ।।

हम दोनो ने साथ साथ आँखें खोल के सपने देखे हैं ।
एक सुनेहरा कल, खुशनुमा हालात ,अपने देखे हैं ।
बंद आँखों के सपने देखे हैं ,अलग अलग, जुदा जुदा
पर उनका इशारा एक ही है, स्वर्णिम भविष्य बाखुदा।।

हमारे सपनों की, छोटी सी प्यार भरी, दुनिया का इंतजार है ।
हमारे प्रेम संसार के लिए ,हम दोनो का दिल बेकरार है।
ये बात तो तै है की दोनो को ,एक दूजे पर पूरा ऐतबार है।
एक दूजे की मोहब्बत पर यकीन है, एक दूजे से सच्चा प्यार है ।।

मालिक की जात पर भरोसा है, रहमत अदा करेगा ।
फिर क्यों तेरा मेरा हृदय, किसी भी चुनौति से डरेगा ।
थोड़ी सी खुशी बाँटी है अभी हमने, थोड़ा सा सुख है भोगा ।
इस बात का इत्मिनान है लेकिन, के कल जो भी होगा अच्छा होगा।।

तेरी दर्द भरी, वेदना भरी, चित्कार से मेरा दिल सहम गया।

यूँ लगा मानो कुछ देर के लिए, वक्त ही थम गया ।

मानो बरसों से बना हुआ, दर्द का बांध, टूट गया ।

दो आँखों से ,दर्द की झील का, झरना फूट गया ।

फिर लगातार बहती अश्रुधारा से, मेरा सर्वस्व सराबोर हो गया ।

अपनी आगोश में तुझे कस के, मैं भाव विभोर हो गया ।

शायद जो हुआ अच्छा हुआ, नासूर से मवाद निकल गया ।

बरसों से बर्फ की तरह ,दिल में जमा हुआ दर्द, पिघल गया ।

अब तू है ,मैं हूँ ,हमारा साथ है, और हमारी खुशियाँ हैं ।

दर्द की कोई जगह नहीं, बस हमारी छोटी सी प्रेम की दुनिया है ।।

सूनी सी सुबह है, सूनी सी ही दोपहर है, सूनी सी ही शाम है ।
तुझे याद करने के अलावा मुझे और क्या काम है?

जिंदगी की आप धापी कुछ नहीं सिफर है ।
शख्सियतों की नापा नापी कुछ नहीं सिफर है ।
तेरे नशे में पशेमा हैं हम,
शराब मुफ्त में बदनाम है ।।

बहुत से मसले हैं ,कभी सुलझा देंगे,
बहुत से मामले हैं ,कभी सुल्टा देंगे ।
फिल्हाल तो बेखुदी लपेटे बैठे हैं,
तेरे इश्क का ये अंजाम है ।।

किसी की तबियत नासाज़ है होती रहे।
कोई नाराज़ है, होता रहे।
किसी का बेरुखी का अंदाज है, होता रहे।
हम इन सब से ऊपर महफ़ूज़ हैं।
मोहब्बत का ये नया आयाम है ।।

किस बात की चिंता?
किस बात की फ़िकर?
किस बात की परेशानी?
कौन सा बुराई का असर?
चुपके चुपके नहीं,
हमारे प्यार की सरगर्मी तो ,सरेआम है ।।

वादा किया था तुझसे
दोस्त,रकीब जो चाहेगी मिलेगा मुझसे ।
आज तेरा दोस्त भी हूँ।
रकीब भी हूँ ।
सिर्फ तेरा दीवाना या आशिक ही नहीं,
आज तेरा हबीब भी हूँ ।।

आ फिर सपने संजोएँ हम साथ रहने के।
संग जीवन बिताने के ।
चारो ओर पहरे हैं ,
आज बेदर्द ज़माने के।
आज वादा है मेरा ,
आँधी तूफ़ान सबसे लड़ जाउंगा।
हर रुकावट की दीवार पर मैं चढ़ जाउंगा।
तुझे बेख़ौफ अपने घर लाऊंगा ।।

मायूस ना हो सब्र कर ज़रा,
क्यों तेरी आँखों में डर है भरा ।
ये इम्तिहान का समय है, गुज़र जाएगा,
हमारे बीच कोई न आ पायेगा ।।

मोहब्बत करता हूं, तुझसे ये कोई खेल नहीं है ।

हमें जुदा कर पाए ऐसा कोई, जिन्न या चुड़ैल नहीं है ।

धीरज रखकर हम अपनी मंज़िल तक पहुँच जाएंगे,

भरोसा रख खुशी भरे दिन जरूर आएंगे ।।

दोजख सह चुके हैं दोनो,

अब अपनी जन्नत हम बसायेंगे ।

जब खुदा खुद मेहरबान है हम पर ,

तो उसके बंदे हमारा क्या बिगाड़ा पाएंगे ।।

सूखे हुए गले को तर करने के लिए,
एक जाम मोहब्बत का पी लिया हमने।
वीरान सी जिंदगी में एक दिन,
बहारों का जी लिया हमने ।।

रेगिस्तान में झुलसे होंठो को राहत मिली।
सन्नाटे में कानों को ,पैरों की आहट मिली।
जहन्नुम में घूमते घूमते एक दिन जन्नत का,
मजा भी ले लिया हमने ।।

बिछड़े हुए दो जिस्म एक हो गए।
बिखरे हुए दो दिल फिर से जुड़ गए ।
एक दूजे की विरहा में तार तार होता हुआ दमन,
फिर से सी लिया हमने ।।

तुझसे मिलने का इंतजार एक बीमारी है ।

एक एक पल गुजारना भारी है।

ये कैसी बेकसी ,ये कैसी बेकरारी है?

दिल पर जो चोट खाई है वो इतनी करारी है ।।

तुम्हारी आवाज़ के सहारे भोर होती है ,सांझ ढलती है।

मिलन की आस में ही मानो, मेरी हर साँस चलती है।

नज़रों से ,इशारों से ,तबियत कहाँ बहलती है।

रूबरू होने को मेरी रूह ,बेपनाह मचलती है ।।

तेरे दीदार भर से सुख आ जाता है।

तड़पता हुआ दिल चैन पा जाता है।

बाँहों में लेने से ,मन निहाल हो जाता है।

और तेरे लब चूमने से ,तो कमाल हो जाता है ।।

हर आहट लगती है, तेरे कदमों की आहट है।

मन में बसी तस्वीरों से ही ,आत्मा को राहत है ।

ये नकली मुस्कान जो चिपकी है मुँह पर ,

ये सिर्फ सजावट है ।

तेरी यादों, तेरे ख्यालों से ही, तपते बदन को तरावट है ।।

दो दिन जन्नत की सैर कर जमी पर आ गए।
फिर जिंदगी की रेल पेल के साये इर्द-गिर्द छा गए ।।

दो दिनों ने शीथिल शरीर में जान फूँक दी,
चिंता और परेशानी कुछ देर के लिए चिता में झोंक दी ।।

मोहब्बतों की मय से एक बार फिर दोनो नहा गए।
नाशादगी को भुला बेपनाह खुशियाँ पा गए ।।

सारा संसार सिमट कर दो दिनों में आ गया।
दो जिस्म रौशन हुए और उनका मिलन गजब ढा गया।।

प्यार की लौ की आँच से ,सर्द होते अरमान ,फिर गर्मा गए ।
वक्त थम गया जब हम एक दूजे में समा गए ।।

बुतखाने मे देखा, ईदगाह मे देखा, और देखा शिवाला।
हमदम की आँखों में देखा तो साकी भी मिला,और मिली मधुशाला ।।

मेहबूबा के हाथों से प्रेम के, कितने निवाले खा गए।
त्यौहार आया नहीं पर, सहस्र दीप मनमंदिर में चमचामा गए।।

जब याद आती है तेरी,
मन मासोस कर रह जाता हूँ ।
खाली शब्दों से अपनी,
व्यथा तुझको कह जाता हूँ ।।

शब्द कुछ मतलबों से भरे, कुछ अटपटे से,
कुछ खट्टे, कुछ मीठे, कुछ चटपटे से !!
कभी हकीकत की दुनिया को छोड,
भावनाओ में बह जाता हूँ ।
कभी दुशाले की तरह ओढ़,
सीने के ज़ख्म सह जाता हूँ ।।

शब्द कुछ लिखे हुए।
कुछ ज़बान से बोले हुए।
शब्द कुछ बेबाक से।
कुछ नपे हुए तुले हुए।
कभी उनमे शिकवे शिकायतें,
कभी तकरार से सुलह पाता हूँ ।।

सबकुछ मोहब्बत के दायरे में होता है।
इन से बनी कव्वाली कभी,
और कभी विरह के गीत गाता हूँ ।।

जुदाई का मातम मानते हैं सब।
जुदाई का उत्सव कोई मनाता नहीं।
मैं अपने शब्दों से रंग बिरंगे मंजर,
मेले की तरह सजाता हूँ ।
तेरी यादों की तड़प को संजो संजोकर,
इश्क की सालगिरह मानता हूं ।।

परेशाँ परेशाँ सी जिंदगी में,

थोड़ी मोहलत मिल गई हमको।

तेरी जुल्फों की छाँव में कुछ वक़्त गुज़रा,

ये सहुलियत मिल गई हमको।।

अंधेरे घेर रहे थे,मन उदास था ।

गहमा गहमी में कोई न आस पास था ।

तुम्हें बाँहों मे जो लिया,

तो जहान की मिल्कियत मिल गई हमको ।

तस्कीन ही तस्कीन थी,

जब तुम्हारी नजरे इनायत मिल गई हमको ।।

हमेशा जैसी नहीं,

ये मुलाक़ात खास थी ।

इस बार लबों पर ,

कुछ अलग सी प्यास थी ।

सारे गम भूल गए जब,

तुम्हारे जिस्म की हरारत मिल गई हमको।

खुशियों के फूल खिल गए ,

जब उम्मीद से ज्यादा ,हैसियत मिल गई हमको।।

मोहब्बत ही मोहब्बत थी,

प्यार ही प्यार था ।

न कोई शिकवे शिकायत,

न नाराज़गी का इज़हार था ।

साथ गुजारी हुई कुछ घड़ियों में,

एक अरसे की शिद्दत मिल गई हमको।

बिना सजदा किए हुए ही ,

खुदा की इबादत मिल गई हमको !!!

मुझे तो हर दीये की रौशनी में तेरी सूरत नजर आती है ।
हर चमकती मालिनी में तेरी मूरत नज़र आती है ।।

तू साथ नहीं तो त्यौहार भी क्या त्यौहार है ।
हम जो मना रहे हैं वो जश्न ए प्रेम प्यार है ।
हर रंगीनी में तेरे होठों की रंगीनी नज़र आती है ।
हर सिम्त मुझे अपनी संगिनी नज़र आती है ।।

ख़ूबसूरत सज़ावट है, ख़ूबसूरत बाज़ार है ।
तेरे बिना तेरा आशिक कितना लाचार है ।
हमें हर खूबसूरत छटा में, तेरी मुस्कुराहट नजर आती है ।
तेरी बेकरारी तेरी कसमसाहट नज़र आती है ।।

खुशियों के मेले लगे हैं और हम तन्हा नशाद हैं ।
हर हँसी में तेरी खिलखिलाहट की मधुर याद है ।
हमें तो हर नज़र में तेरी तस्वीर नज़र आती है ।
तेरी डगर पर ही अपनी तकदीर नज़र आती है ।।

कुछ देर का साथ रास आता नहीं ,
तेरे हुस्न का सिर्फ दीदार प्यास बुझाता नहीं ।।

चंद घड़ियाँ पानी की तरह हाथों से निकल जाती हैं ।
तेरी मुस्कान और आवाज़ वहशत बढ़ाती हैं ।
उसके बाद तन्हा काटा ये सफर जाता नहीं,
तेरे सिवा कुछ भी नज़र आता नहीं ।।

मिलन की आस में लम्हे बड़ी मुश्किल से कटते हैं ।
सारे ख्यालों के ऊपर से तेरे ख्याल,
बड़ी मुश्किल से हटते हैं ।
बिन माँझी की नैया को किनारा मिल पाता नहीं,
तेरा तस्व्वुर जहन से जाता नहीं ।।

मिलन हो तो प्यार से लबरेज़ हो ,
सिर्फ रूबरू ही नहीं, जिस्म ओ जान से एक हो ,
सिर्फ साथ से दिल चैन पाता नहीं,
गहराइयों तक पहुँचे बिना करार दिल में समाता नहीं।।

तू आज भी हसीन है, मैं आज भी जवान हूँ ।

तू मेरी बदरी है, मैं तेरा आसमान हूँ ।

प्यार की डोर से बंधी तू भी है मैं भी हूँ ।

बाँहों के घेरे में महफ़ूज़ तू भी है मैं भी हूँ ।

हमारी छोटी सी दुनिया ही, हमारे लिए सारा जहान है ।

तू मेरी रूह की तस्कीन है ,तुझसे ही मुझमे प्राण हैं ।।

हम को जुदा कर सके ,ऐसी शै नहीं कोई।

जमाना हो, या रीति रवाज़ हो, अब भय नहीं कोई।

मैं साँस हूँ तेरी, तू मेरी जान है ।

तेरे बग़ैर गुलशन नहीं कोई, सब कुछ शमशान है ।।

हमारे मिलन से इर्दगिर्द जग जन्नत बन जाता है ।

हर जुमला, हर नगमा एक मन्नत बन जाता है ।

हमारी मोहब्बत किसी की मोहताज नहीं जाना,

ये खुदा का फरमान है ।

ये गुरूर है हमारा, हमारी आन बान और शान है ।।

दुख के बादल उमड आए तो क्या ?
सारा जग बैरी हो जाए तो क्या ?
अपने ही आँखें दिखाएँ तो क्या ?
मै खुदा का मेहरबान हाथ हूँ,
मैं हमेशा तेरे साथ हूँ ।।

आशाओं पर पानी पड़ जाए तो क्या ?
दिल पर बिजली गिर जाए तो क्या?
खुदगर्जी सामने आ जाए तो क्या ?
मै कुदरत की तुझे बख्शी हुई सौगात हूँ,
मैं हमेशा तेरे साथ हूँ ।।

अंधेरे छा रहे हों तो क्या ?
ख्यालात डरा रहे हों तो क्या ?
अपने सता रहे हों तो क्या ?
तुझे बाँहों में समेटे ,तेरा शारीक़ ए हयात हूँ ।
मैं हमेशा तेरे साथ हूँ ।।

मखमली घास पर चमकती ओस की बूँदों की तरह,

पूनम की रात को चमकते सितारों की तरह,

किनारे से टकराती सागर की लहरों की तरह,

फूल पर मंडराते मस्ताना भँवरों की तरह,

सुबह की धूप से झिलमिलाती बर्फीली पहाड़ियों की तरह,

बेमौसम बरसती सावन की फुहारों की तरह,

हरियाली से ढकी बाँहे फैलाए वादियों की तरह,

खिलने को बेताब मस्त कलियों की तरह,

बल खाते कल कल करते झरनों की तरह,

ग्रीष्म ऋतु की शाम को पंछियों की परछाईयों की तरह,

ढलते सूरज की लालीमा में रेगिस्तान के जरों की तरह,

अमावस्या की रात में टिमटिमाते जुगनूओं की तरह,

पत्तों की झुरमुट से मुस्कुराती कोंपालों की तरह !!

हमारे हर मिलन की यादें हैं नायाब ,मोतीयों की तरह !!!

इंतजार हफ़्तों से घट कर कुछ घंटों का रह गया है ।
बेचैनी का पंछी मेरे कानो में कह गया है ।।

की कल की मुलाक़ात यादगार होगी ।
जब मेरी जान मेरी बाँहों मे होगी ।।

बेकरारी भी है, उदासी भी है ।
नज़र तेरे दीदार की प्यासी भी है ।।

गुफ्तगू, और आरज़ू पूरी ,बेशुमार होगी ।
जब मेरी जान मेरी बाँहों मे होगी ।।

सारी ज़िन्दगी, तेरी आगोश में, एक दिन में जीना चाहता हूँ ।
तेरे हुस्न और इश्क का जाम, एक दिन में, पीना चाहता हूँ ।।

रफ़्ता रफ़्ता प्यार मोहब्बत की बौछार होगी ।
जब मेरी जान मेरी बाँहों में होगी ।।

तू ही बता ये समय कैसे गुजारूँ ।
कसीदे पढूँ , या तस्वीरें, दिल में उतारूँ ।।

वहशत बढेगी ,और इश्क की भरमार होगी ।
जब मेरी जान मेरी बाँहों में होगी ।।

कैसे काटता हूँ दो मुलाक़ातों के बीच के दिन,
बुरा हाल हमारा है ।
हम तो पागल हो जाते कब के,
तेरी आवाज़ का ही सहारा है ।
तेरी आवाज़ सुन ने को उठते हैं,
तेरी आवाज़ सुन कर ही सोते हैं ।
तेरे ख्यालों में ही विचरते हैं,
तेरे ख्यालों में ही खोते हैं ।।

धड़कने पुकारती हैं सदा तुझको,
अंदर खिज़ा, बाहर जश्र ए बहारा है ।
हर साँस पर आह निकलती है,
क्या बेखुदी का नज़ारा है ।।

तेरी आवाज़ से ही जान में जान है,
तू ही मंज़िल तू ही जहान है ।
होठों पर मुस्कान, पहलु में बुझा हुआ दिल,
सच्चे आशिक की शायद, यही पहचान है ।।

अब नैया भी तू है मेरे लिए,
और तू ही मेरे लिए किनारा है ।
तेरी झील सी आँखों में डूब जाएँ तुरंत,
प्यार के मौसम का यही इशारा है ।।

जब मिलेगी अपनी दास्तान सुनाएंगे।

कभी गुदगुदाएंगे कभी रुलाएंगे।

तब तक मन मसोस कर बस रह जाएंगे।

अपने छाले जग से छुपाएंगे।

तेरा हाथ मरहम भी है, दवा भी है,

और बेहद प्यारा है ।

तेरा साथ जिंदगी की किताब का मौजू है,

तेरा रूप आसमान से टूटा तारा है ।।

एक और खूबसूरत मुलाक़ात,
कुछ और खूबसूरत मंज़र,
कुछ और खूबसूरत हालात,
याद आएंगे अक्सर ।।

कुछ और मोहब्बत का इज़हार,
कुछ और आँखों से छलकता प्यार,
कुछ और वासना के भँवर,
याद आएंगे अक्सर ।।

कुछ और शिकवे जानलेवा,
माफ़ी का इकरार प्राणदेवा,
मन जाने के बाद के तेवर,
याद आएंगे अक्सर ।।

वो डूबते सूरज का हँसी नज़ारा,
वो लालिमा का दृश्य प्यारा,
वो मचलती लहरें,
और लहराता सागर,
याद आएंगे अक्सर ।।

वो रंगीली सी शाम,

हाथों में बेखुदी का जाम ,

वो बाँहे फैलाए डोलती, मेरी हमसफ़र,

याद आएंगे अक्सर ।।

वो मोहब्बत के फूल सजाते हुए तन,

वो अमृतवर्षा में सरबोर दो बदन,

वो भीगी जुल्फें ढाती कहर,

याद आएंगे अक्सर ।।

तू मुझे याद कर परेशान है,
मैं तुझे याद कर परेशान हूँ,
यही तड़प प्यार की पहचान है,
तड़प का दर्द तुझे क्या बयान करूँ ?

आँखें बंद हों तो तेरी तस्वीर नज़र आती है,
खुली आँखों से भी सपनों की ज़ंजीर नज़र आती है,
खून ए दिल से तेरी तस्वीर में कितने रंग भरूँ?
तड़प का दर्द तुझे क्या बयान करूँ ?

दर्द ए दिल से जीना भी दुश्वार है,
अगले मिलन के लिए जिया बेकरार है,
प्रेम रोग से ये आशिक बीमार है,
सौ बार उबर के मैं सौ बार गिरूँ,
तड़प का दर्द तुझे क्या बयान करूँ ?

तू संग होती है तो मन मुस्काता है,

बिछड़ती है तो कालेजा मुँह को आता है,

महफिल या रक्स कुछ भी नहीं भाता है,

तेरी अदाओं पे मैं कितनी बार मरूँ,

तड़प का दर्द तुझे क्या बयान करूँ ?

तुम्हारे आने से पहले रेगिस्तान की रेत की तरह थी जिंदगी ,
तुम्हारे आने से जिंदगी गुलिस्तान बन गई ।
दर्द भरे न्हाले थे, दिल पर सैंकड़ो छाले थे,
अरमानों के टुकड़े थे, जो बड़े जतन से संभाले थे ।
तुम जो आए कायनात मेहरबान बन गई ।
तुम्हारे आने से जिंदगी गुलिस्तान बन गई ।।

कोई आँसू पोछ्ने वाला ना था, कोई दिलासा देने वाला ना था ।
जिस्म खंडहर बन चुका था, पहले जैसा शिवाला न
था ।
तुम जो आई इमारत,अज़ीम ओ शान बन गई ।
तुम्हारे आने से जिंदगी, गुलिस्तान बन गई ।।

हाले दिल सुन ने के लिए, किसी की तवज्जो ना थी ।
हमदर्दी से भरी हुई नज़र कहते हैं जिसको, वो ना थी ।
तुम्हारी प्यार भरी आँचल की छाँव ही, मेरे लिए सारा जहान बन गई ।
तुम्हारे आने से जिंदगी गुलिस्तान बन गई ।।

तुम हमदर्द भी हो, हमदम भी हो, हमसफर भी हो ।
तुम मेरी सुबह भी हो, शाम भी हो और दोपहर भी हो ।
पता ही नहीं चला कब, मेरी जाने जान बन गई ।
तुम्हारे आने से जिंदगी गुलिस्तान बन गई।।

अपनो के बरताव से क्यों परेशान हो जाती है ?
क्यूँ गुस्से में उबलती है, क्यों आँसू बरसाती है ?
ये मतलबी दुनिया है, ये सौ रंग बदलती है ।
तू सीधी चाल से चलती है, ये टेढ़ी चाल से चलती है ।।

म।यूस न हो, नाशाद न हो,
हर कदम नाचीज़ तेरे साथ है ।
सारी दुनिया भी किनारा कर ले अगर,
फ़िक्र ना कर,
मेरे हाथों में तेरा हाथ है ।।

थोड़ी चुभन भी होगी, थोड़ी तपन भी होगी,
बुरे ख्याल मन मे आएंगे, कभी टीस होगी, कम्पन भी होगी ।।

कभी किसी बात पे पछतावा भी होगा ।
कभी तैश में सलूक करने का इरदा भी होगा ।
कालचक्र से बहार आ, और देख मैं बाँहे फैलाए खड़ा हूँ ।
सारा जग बैरी हो जाए, पर मैं अपनी,
मोहब्बत को परवान चढाने पर अड़ा हूँ ।।

जब इतना पुख़्ताख़्याल,
तेरा हमदम है ।
तो मुस्कुरा ले, खिलखिला ले,
तुझे किस बात का गम है ।।

तू नहीं तो तेरे ख्यालों से ही मन पुलकित हो जाता है ।
जाने कितने अलंकारों से सुशोभित हो जाता है ।।

एक मुलाक़ात के जाते ही, अगली मुलाक़ात के ताने बाने बुनता है ।
नई जगह, सही समय, प्रेमालाप के ठिकाने चुनता है ।
कल्पनाओं का चक्र फिर, क्रियान्वित हो जाता है ।
बीच में अंतर होने पर भी, हृदय हर्षित हो जाता है ।।

एक मुलाक़ात से भी संतोष नहीं, कई मिलन के लिए फूल सजते हैं ।
सिलसिला सा शुरू हो जाता है, सिर्फ सुंदर दृश्य ही जँचते हैं ।
तुम्हारे हर स्वर पे मचलता है, हर सुर से मोहित हो जाता है ।
तू बन जाती है देवी रति, ये पुरोहित हो जाता है ।।

प्रतीक्षा का समय बड़ा असहाय करता है ।
कभी तन बदन में अगन बड़ी, कभी नैनों में नीर भरता है ।
फिर जब बहुपाश में आती हो ,तो चैन असीम आ जाता है ।
स्वर्णिम भविष्य के स्वप्नों से, चित्त आशान्वित हो जाता है ।।

मैं नहीं पर मेरी बाँहों की गरमी तेरे पास है ।
आज जब के तेरी तबियत नासाज़ है ।।

मैं तेरे पास नहीं, तू मेरे पास नहीं ,क्योंकि मजबूरी है।
दिल मिले हैं, जिस्म मिले हैं, जान मिली हैं,
फिर भी दरमियाँ ये दूरी है ।।

मन करता है उड़कर तेरे रूबरू जाऊँ,
गले लगा कर तुझे महफ़ूज़ी का एहसास कराऊँ ।।

फ़िक्रमंद है तेरा आशिक, सीमाओं से नाराज़ है,
खासतौर पर जब तेरी तबियत नासाज़ है ।।

कभी दिल कहता है बगावत कर दो,
हर दीवार हर रुकावट को ज़मींदोस्त कर दो ।
साथ मिल चारों ओर मोहब्बत के रंग भर दो ,
मीलों के फासलों को सिफर कर दो ।।

अंजाम मोहब्बत है, मोहब्बत ही आगाज़ है,
इस बात को याद रख ,जब तेरी तबियत नासाज़ है।।

तेरी आँखों से छलकते प्यार पे मर जाता हूँ,
और उसके बेबाक इज़हार से तर जाता हूँ ।।

दिल की गहराई से निकले बोल कोई दिखवा नहीं,
सचाई से भरे अल्फाज़ कोई छलावा नहीं ।।

तेरी भोली सी गुहार पे मिट जाता हूँ,
तुझपर मोहब्बत की दौलत बरसा के लुट जाता हूँ ।।

छोटी सी प्यारी सी तू है, छोटी सी प्यारी सी तेरी चाहते हैं,
छोटे से प्यारे से सपने हैं, छोटी सी प्यारी सी राहते हैं ।।

तेरे हर ख़्वाब पर मै, जान निसार कर जाता हूँ,
तू मेरी रहेगी मैं तेरा रहूंगा इस बात की कसम खाता हूँ ।।

तेरी टेढ़ी सी तबस्सुम, तेरी मासूम सी तरन्नुम,
तेरा मिलना जन्नत ,तुझसे जुदाई जहन्नुम ।।

हर अदा पर न्यौछावर, अपना हर शेर कर जाता हूँ,
लोग रात की बातें करते हैं, मैं दिन में ख्वाब सजाता हूँ ।।

हैरत है खुद पर कि, हर वक़्त रहता हूँ तेरे इंतिखाब में ।

खुद ही डूब जाता हूँ, तेरी मोहब्बत के सैलाब में ।

सम्भंलता नहीं, उबरता नहीं, नाखुदा को पुकारता नहीं ।

हर लहर पहुँचा देती है, सितारों मे माहताब मे ।
बोसों की बौछार होती है,विचरता हूं एहसास ए लाजवाब में ।।

जगी हुई रातों के रोने क्या रोना,

परेशाँ आशिक की हालत चेहरे पर नज़र आती है।

बेचैनी बेकली के नगमे मेरी वफ़ाएँ लिख जाती हैं,

तू ही नज़र आती है हर समय, इस दिल की किताब में,
हकीक़त में और ख़्वाब में ।।

तू पास होती है तो तूफ़ान उठते हैं,

मिलन होता है फासले मिटते हैं ।

तुझमे समा कर खुद को महसूस करता हूँ, आशियाना ए शादाब में,

जिस्म के हर कोने को चूमता हूँ ,

भँवरे की तरह आलम ए बेताब में।।

तेरी सूरत देखते हुए, ही शब हो मेरी,

तेरी सूरत देखते हुए, ही सुबह हो जाए ।

तू मेरे रूबरू रहे सदा,

कुछ ऐसी बात हो जाए ।।

सफर करूँ तो तू साथ में हो,

सदा तेरा हाथ, मेरे हाथ में हो ।

रुकूँ कहीं तो तू साथ रुके,

ठहरूँ कहीं तो तू साथ ठहर जाए ।

हसीन मंज़र और हसीन बने जब,

तू गले से लग जाए ।।

मिलने बिछड़ने का सिलसिला,

अब समाप्त हो ।

अब मिलें तो तू हमेश। के लिए,

शारिक ए हयात हो ।

हम इस कदर एक दूजे में, गुम हों के,

वक्त ही खुद ठहर जाए ।

मै तुझमे समाऊँ पूरी तरह,

तू फूलों की सेज की तरह बिखर जाए ।।

अब तमन्ना यही है की ज़िंदगानी,
संग संग बिताएँ मोहब्बत करें ।
बातें करें, कुछ शिकवे करें,
कुछ शिकायते करें ।।

।प्रेमालाप में पलक झपकते,
जीवन गुजर जाए ।
मौत भी आए तो तू पास हो मेरे,
फिर चाहे वो छोडे मुझे, या ले जाए।।

तूने कभी सोचा, क्यों मेरी जिंदगी में आई ?
क्यूँ आँखों में बसी तू, क्यूँ दिल में समाई ?

क्यूँ ढूंढा मुझको तूने, क्यूँ मुझपर विश्वास किया ?
क्यूँ हाथो में हाथ दे दिया मेरे, क्यूँ मोहब्बत का आगाज़ किया ?

तूने कभी सोचा, क्यूँ एक हो गए हम ?
बाँहों में एक दूजे की, क्यूँ खो गए हम ?

क्यूँ मिलन हुआ दिलों का, जिस्मों का, जान का ?
क्यूँ बंधन बना, ज़मीं का आसमान का ?

तूने कभी सोचा, एक दूजे के बिना क्यूँ अधूरे से रहते
हैं ?
क्यूँ नादियों की तरह मिलकर, सागर की तरफ़ बहते
हैं ?

क्यूँ साथ गुज़रा हुआ हर पल इतना प्यारा लगता है ?
क्यूँ यादें, मुलाक़ातें, हँसी, दिल्लगी, जीने का सहारा लगता है ?

न तूने कुछ किया न मैंने कुछ किया,
न एक दूजे को खुशियाँ दीं, न एक दूजे का ग़म पिया ।।

करने वाले हम नहीं, वो तो ऊपर वाला है ,
वो ईश्वर है, रब है, गॉड है, या अल्लाह ताला है ।।

कठपुतली के खेल में , मैं राजा तू रानी है,
वो बैठा है डोर थामे, उसी ने रची ये कहानी है ।।

तुम इतना पास आ गई हो कि,
तुमसे दूरी सही नहीं जाती ।
मेरे दिल में इस कदर समा गई हो कि,
दिल की लगी कही नहीं जाती ।।

पास होती हो तो हर लम्हा,
खुशगवार हो जाता है ।।

हर हरकत बेमिसाल,
हर क्रियाकलाप यादगार हो जाता है ।
हसीन पलों की माला गले से,
उतारी नहीं जाती ।
आँखों में जो खूबसूरत छबी बसी है,
वो इस से ज्यादा निखारी नहीं जाती ।।

मन करता है साथ बिताए, समय को रोक लूँ थाम लूँ ।
तुझे बेपनाह प्यार करू, मुँह खोलू तो बस तेरा ही नाम लूँ ।
तेरे वजूद की उतारी, खुमारी नहीं जाती ।
तुझे हर वक्त याद करने की, बीमारी नहीं जाती ।।

बाँहें फड़कती हैं, तुझे आग़ोश में लेने को ।
आत्म तड़पती हैं, तेरे रूप का रस पीने को ।
शोला जो बनाती हैं, वो चिंगारी नहीं जाती ।
मदहोश जो करती हैं, वो मोहब्बत की मय प्यारी नहीं जाती ।।

घटा घनघोर है, बारिश का शोर है ।
मै मचलता यहाँ, मेरी दिलरुबा दूसरी ओर है ।।

भीगे भीगे रास्ते, भीगी भीगी फ़िज़ायें ,
दिल में मीठी, मीठी अ।ग लगाएँ ।।

न मेरे हाथ में तेरी कलाई,
न तेरे पल्लू का छोर है ।
मै मचलता यहाँ मेरी दिलरुबा दूसरी ओर है ।।

साथ होती, तो साथ साथ भीगते,
कभी गले लग जाते हैं, कभी लबों को चूमते ।
न तेरे बदन की हरारत, न हाथ करते आत्मविभोरे हैं ।
मै मचलता यहाँ......... ।।

तेरे भीगे हुस्न की कल्पना करता हूँ,
तुझे खबर है?तुझे याद मैं कितना करता हूँ ?
तेरे तस्व्वुर भर से, नाचता मन मोर है ।
मै मचलता यहाँ...... ।।

नज़र से नज़र मिली,

दिल से दिल मिले,

लब से लब मिले,

एक रिश्ता कायम हो गया ।।

पहले दोस्त थी,

फिर हमदर्द बनी,

फिर दिलरुबा बनी,

अब नाम ही जानम हो गया ।।

प्यार भी हुआ,

इक़रार भी हुआ,

दिल बेकरार भी हुआ,

खुबसूरत इज़हार भी हो गया ।।

विरान सी ज़िन्दगी में,

जब भी हम मिले,

खुशी के गुल खिले,

जीवन गुलज़ार हो गया ।।

दुनिया का होश नहीं,

हमसा कोई मदहोश नहीं,

जीवन मोहब्बत का,

मैखाना हो गया ।।

सीने मे जोश लिए,

दूर फरामोश किए,

प्रेमगीत एक दूजे को नोश किए,

जीवन इश्क का तराना हो गया ।।

तेरी बाँहों में जन्नत है,

आग़ोश की तासीर पर हैरत है,

तेरे साथ की मन्नत है,

ईदगाह जिगर हमारा हो गया ।।

आँखों से सदा तुझे देखूँ,

राह के रोडे निकाल फेंकू,

तेरी खुशबू से सदा महकूँ,

मनमंदिर गुलशन न्यारा हो गया।।

चिंगारी की तरह सुलगती है,
शोले की तरह भडकती है।।

दूध की तरह उफनती है,
तूफान की तरह बरसती है।।

जलजले की तरह आवाज़ कंपकंपाती है,
ज्वालामुखी की तरह लावा उगलती है।।

प्यार मोहब्बत कोसो दूर हो जाते हैं,
वादे सारे काफूर हो जाते हैं।।

सारे शेर, शायरी से उठकर भाग जाते हैं,
जाने कैसे कैसे ख्याल दिल में आते हैं।।

पल में जानेजा से जानलेवा बन जाती है,
जब मेरी और उसकी ठन जाती है।।

कभी पीली कभी लाल हो जाती है,
खुद भी गुस्से से बेहाल हो जाती है।।

गुस्सा टँगा हुआ है नाक पर, टांगे फैलाए,
ज़रा सी बात पर उतर आता है बिना बुलाए ।।
कभी गुस्सा करते हुए वजह को ढूँढती है,
कभी आँखे तरेरती है कभी घूरती है ।।

फिर प्यार से मनाओ तो मान भी जाती है।
किरण की तरह अंधेरों में उजाले की तरह ,उसकी हँसी झिलमिलाती है।।

प्यार की बरसात में दोनो भीग जाते हैं ।
एक दूजे को स्नेह भरे,गीत फिर सुनाते हैं ।।

तूफ़ान गुज़र जाने के बाद का मौसम सुभानल्लाह ।
गिले शिकवे छोड, एक दूजे के गले लग ,होता जो संगम माशाअल्लाह।।

फिर वो चुलबुली सी बातें वल्लाह वल्लाह ,
कायम रहे सदा, इश्क हमारा इंशाअल्लाह ।।

दीवानगी के असर,
साफ नज़र आते हैं ।।

घूम फिरकर जहन में,
तेरे ही ख्याल आते हैं ।।
सुबह तेरी आवाज़ से होती है ।
शाम तेरी आवाज़ से होती है ।।
रात को भी तू मुझसे,
बात करके ही सोती है ।।
दोपहर को कलाम लिखकर,
तेरी दाद पाता हूँ ।।

मोहब्बत के क़सीदे पढकर,
एक सुनहरी याद देता हूँ ।।

बाकी समय में भी तू,
मुझसे कहाँ दूर रहती है ।।

कभी शरारतें करती है,
कभी मोहब्बत से लबरेज़,
कानो में शायरी कहती है ।।

आँखें बंद करता हूँ,

तो तेरा चेहरा नजर आता है ।।

कभी मुझे देख मुस्कराती है,

कभी मासूम सी आवाज में,

प्यार के गीत सुनाती है ।।

हर पल, हर वक्त,

तू मेरे आस पास ही होती है ।।

कभी मुझे छेड़ खिलखिलाती है,

कभी इशारों के मोती पिरोती है ।।

चारों ओर से बेखबर,

अंजान सी फितरत मुझसे कह गई ।।

मेरी दुनिया सारी की सारी तुझमे,

समा कर रह गई ।।

आज बरसात में तेरा भेजा हुआ गाना,

और उस पर मेरा तराना ।

फिर धुंआधार होती बरसात,

संग मुझसे होती तुम्हारी बात ।

बयान करती है दिल कितना बेकरार है ।

आज का दिन वाक़ई शानदार है ।।

मेरे अंदर तुम ,बाहर रस बरसाता सावन,

तन बदन में लगाये मीठी आगन ।

बाँहों में भर लूू, यही चाहता है मन,

तेरे मेरे मिलन का वो मंज़र जो यादग।र है ।

आज का दिन वाक़ई शानदार है ।।

बारिश की बूँदें छोटी हो कर फुहार बन गईं।

याद दिलाए उन बाँहो की,

जो मेरे गले का हार बन गयीं।

तुम रहो मैं रहूँ ये मौसम रहे,

बस इसी का इंतज़ार है ।

आज का दिन वाक़ई शानदार है ।।

उस दिन की यादों के फूल खिलाऊँ,

या आज की बात कहूँ ?

खुशियों के दीप जलाऊँ,

या तकरार के ताने सहूँ?

तै नहीं कर पा रहा हूँ ,

किस राह पर चलूँ ।।

वो शाम भीगी भीगी,

तेरा साथ प्यारा प्यारा ।

एक दूजे से सटे हुए हम ,

जिस्मानी तपिश लेते हुए,

रिम झिम का देखते नज़ारा ।।

वो मोहब्बत का आलिंगन,

वो वारतलाप की मस्ती।

कभी मेरी बातों पर मुग्ध तुम,

कभी मेरी बातों पर हँसती।।

वो कुल्हड की सोंधी खुशबू,

वो पकौड़ों का स्वाद लाजवाब,

इतना तृप्त करता हुआ ,

जिसका न कोई हिसाब ।।

फिर साथ विचरते हम,
आज़ाद पंछियों की तरह।
मोहब्बत के निवाले चखते हुए,
भूखे मिरासियों की तरह ।।

जब शब्बाख़ैर कहा आँखें नम हो गईं,
उदासी मन पे छा गई ।
तनहाई फिर हमदम हो गई ।।

फिर आस लगाने लगे अगली मुलक़्क़ात पे।
काबू कैसे करें अपने जज़्बात पे ।।

आज जब तुम रूठ गईं,
जान पर बन आई ।
जाने कब समझोगी मुझे दिल देता दुहाई ।।

कब ऐतबार होगा इतना की,
नाफ़रमानी नज़रंदाज़ करोगी ।
कब माफ़ी की मिन्नतों के,
बिना ही मुझे माफ़ करोगी ।।

इश्क बहता रहता है,

उसके लिए कोई कल या आज नहीं ।

वो अडिग है,अमिट है,

घड़ी की सुईयों का मोहताज नहीं ।।

तू हूर ना भी हो,
पर दिल का सुरूर ज़रूर है ।
तू हुस्न की मल्लिका ना भी हो,
पर मेरी आँखों का नूर ज़रूर है ।

तू धड़कन है मेरे दिल की,
सरगम है मेरी साँसो की ।
तू आँच है मेरे तन की,
फड़फड़ाहट है मेरी बाँहों की ।
तू मेरे पास हर वक्त ना भी हो ।।
पर मेरा मन तुझे पा कर,
मगरूर जरूर है ।।

तू मेरी दुआओं का जवाब है।
जिसे खुदा ने हकीकत बनाया,
मेरा वो हसीन ख्वाब है।
तुझे देखता हूँ तो इल्म होता है,
कि मेरा इश्क कामयाब है ।।
तुझे अब तक किसी ने तराशा नहीं पर,
हीरा तू कोहिनूर जरूर है ।।

तेरी खुशी पर, अपना सब कुछ वार दूँ।

तू दामन में समेट न पाए कभी,

तुझे मैं इतना प्यार दूँ।

तूने कल्पना भी ना की हो कभी,

तुझे ऐसा संसार दूँ।

लोग न देख पाएँ मगर,

मोहब्बत मुझसे करने पर,

तू आदत से मजबूर जरूर है।।

चारो ओर फैले अंधकार में,
तू आशा के दीप जलाती है ।
मैं टहनी तू पाती है ।।

घेरे हुए मुझे समर,
पथरीली सी जीवन की डगर,
मेरी उदासी दूर भाग जाती है ।
जब तू गले लगाती है ।।

भँवर में मेरी नैया बन,
तूफ़ान में खिवैया बन,
ढाल बन डट जाती है ।
मुझे पार लगाती है ।।

बादलों का शोर हो,
बिजलियों का दौर हो,
बारीशें घनघोर हों,
अपने प्यार का आसरा दे,
मोहब्बत का छत्र तान जाती है ।
मुझे महफ़ूज़ महसूस कराती है ।।

मेरी दिलरुबा मेरी दिलनशी,

तुझसा कहीं कोई और नहीं,

मेरी बाँहों मे आ के,

मुझे सीने से लगा के,

मुझे जहान के ग़म भुलाती है ।

मुझे मे ही विलीन हो जाती है ।।

उजाले तेरी यादों के मन को रौशन रखते हैं ।
नही तो उदास होने के तो कारण बहुत हैं ।।

प्याले तेरी मोहब्बत के ही खुशियाँ देते हैं ।
नही तो दु:ख देने के तो साधन बहुत हैं ।।

तेरे साथ गुज़ारे पल ही सुख देते हैं ।
नही तो दामन में भरे काँटों की चुभन बहुत है ।।

तेरे प्यार की मलहम के लेप ही करार देते हैं ।
नही तो दिल के रिसते घावों की जलन बहुत है ।।

दिल पर जो बीतती है कही नहीं जाती ।
तेरी अनमनी सी आवाज सही नहीं जाती ।।

तू ही मेरा सुख है, तू ही मेरा चैन है ।
जब तक आवाज में खनक,चमकते हुए नैन हैं ।।

बुझी बुझी सी आवाज़, पिघले शीशे की तरह,
कानो में है उतर जाती ।
तेरे चेहरे की उदासी सही नहीं जाती ।।

तू खुश हो तो जीवन गुलज़ार है ।
फूलों की खुशबू है, और प्यार ही प्यार है ।।

जरा तेरे तेवर बदले तो एक आग सी,
तन बदन में है लग जाती ।
तेरी नाराज़गी सही नहीं जाती ।।

तेरी हँसी है मेरे मन का सुकून ।
तेरा इज़हार ए इश्क है मेरे जिगर का खून ।।

तू पास हो या दूर हो, तेरी आकृति सदैव,
मेरे मन मे है समाती ।
तेरी नाशादगी सही नहीं जाती ।।

याद कर वो खूबसूरत लम्हे जो संग बिताए हैं ।
याद कर वो सुनारे लम्हे जो जिंदगी के सरमाये हैं ।।

उन्हे भूल कर क्यों अपना लहू है जलाती ।
तेरे आँसुओं की लड़ी सही नहीं जाती ।।

ये मोहब्बत का जज़्बा,
कितना अजीब होता है ।
दिलबर कितनी भी दूर हो,
फिर भी करीब होता है ।।

हर साँस में उसका नाम बयान होता है,
धड़कनो में प्यार का अंजाम बयान होता है ।।

आँखें हर पल उसी को ढुंढती हैं,कानों में उसकी आवाज़ें गूँजती हैं ।
पेशानी की लकीरें उसके, चुंबनों को तरसती हैं,
बाँहें उसे आगोश में लेने को फड़कती हैं।
जिस्म की सिहरन से रोंगटे खड़े हो जाते हैं,
गले के सुर उसे पुकारते जाते हैं ।।

पाँव उसके पाँव से मिलने को मचलते हैं,
उसकी तीखी नज़रों के घाव कभी नहीं भरते हैं।
अपने बालो में हाथ फिराता हूँ,
तो यूँ लगता है मानो ,उसकी जुल्फों को ,चेहरे पर गिराता हूँ ।।

रोम रोम उसके ख्यालों से पुलकित होता है,
होंठ पर उसके लबों का रस सुशोभित होता है ।
मन का मयूर नाचता है उसकी तानों पे,
विचरता है, मन की वादियों और चट्टानों पे ।।

मीठा मीठा दर्द जो, हर आशिक का नसीब होता है।
उसी को हासिल है जो, किसी का रक़ीब होता है।।

तुझे कैसे समझाऊँ?
कैसे यकीन दिलाऊँ?
मेरी नफ़रमानियों में भी,
प्यार छुपा है ।।

एक छोटी सी बात
तेरे घायल जज्बात,
तेरे आँसू कैसे पी जाऊँ ? ये राज बड़ा है ।।

मेरा झुंझला जाना, तेरा दिल पर लगाना,
अब कौन-सा गीत गाऊं? जब दिल में नश्तर घुपा है ।।

तेरी फीकी सी हँसी,मेरे कानो में फँसी,
तुझे कैसे गुदगुदाऊँ? जब तेरा पारा चढा है ।।

पास होता तो मै तुझे, बाँहों मे भर लेता।
तेरी जुल्फों को हटाकर, तेरे आँसू पोंछ देता।
तेरे गालों को सहलाता, तेरे होठों को चूम लेता।।

तुझे गले से लगाकर, तुझसे नज़रें मिलाकर,
कुछ वादे करता, कुछ तसल्ली देता।।

पर तेरे मेरे दरमियाँ फासला है, जिसे तय करने का मुझमें हौसला है ।
पर दूरी की वजह ये है, हमारे बीच जमाने का फैसला है ।।

पर तू मायूस न हो,तेरा आशिक बड़ा मतवाला है ।
अपने प्यार से तुझको संभाला है ।।

जैसा तू चाहती है कल, वो लेकर आएगा ।
तेरी ख़ातिर अपनी जान पर भी खेल जाएगा ।।

वो हमेशा अपनी बात पे अड़ा है ।
जिंदगी की सब चुनौतियों से लड़ा है ।।

तेरी मेरी आँखों मे सुनहरी यादों के तारे हैं ।
कितने खूबसूरत होते हैं वो पल जो हमने साथ गुज़ारे हैं ।।
मुल।क़ात तक ही सीमित नहीं, हर लम्हे में तू वाबस्ता है ।
आशिक माशूका से भी ऊपर, तेरा मेरा रिश्ता है ।।
फिर क्यों आशंका मन में भर ,तू परेशान हो जाती है ।
चिराग सी टिमटिमाती तेरी आँखें बेबात ही गीली हो जाती हैं ।।

कैसे तुझे यकीन दिलाऊँ कि मैं तेरा हूँ तेरा ही रहूँगा ।
अंधेरी काली रात के बाद का सवेरा ही रहूँगा ।।

तुझसे पहले जो गुजर गया, वो भयावह था छल था ।
एक ख़ौफ़नाक हकीकत थी, ज़ख्मो से भरा कल था ।।

पर तू मेरा दिलकश आज है, और मेरा हसीन मुस्तक़बिल है ।
जो बीता था मेरे साथ, दफन किया , अब तू ही मेरी साहिल है ।।

कैसे याकीन दिलाऊँ कि ये दिल तेरे लिए ही धड़कता है ।
कैसे समझऊँ? कि तेरे लिए ये बंदा तलवार की धार पे चल सकता है ।।

ये मोहब्बत है, मोहब्बत में जज़्बातों की नुमाइश नहीं होती ।
ये मोहब्बत है, मोहब्बत में शक ओ शुभा की गुंजाइश नहीं होती ।।

आँसू पोंछ, हाथ थाम मेरा, चल आनेवाले कल को सतरंगी बनाते हैं ।
जो सपने संजोए हैं हमने, उन्हें धरातल पर ले आते हैं ।।

ओ महजबी तेरी शोख हँसी, दिल के कमल खिलाती है,
जब तू उदास सी, नाशाद सी, होती है मेरी जान पर बन आती है।।

जब भी परेशान हो, मेरे दिल के झरोके में झाँक लिया कर,
ग़मगीन हो तो एक बार मेरी बाँहों के झूले को याद किया कर ।।

तेरा हर आँसू बेशकीमती है मेरे लिए मोतियों की तरह,
तेरी तबस्सुम मेरी दौलत है, आँखों की चमक नेमत है, फूलों की तरह,
सितारों की तरह ।।

तेरी सर्द आह की ठण्डक से, रूह काँप जाती है।
तेरी भर्राई आवाज़ की तासीर से, आत्मा तिलमिलाती
है ।।

तू गले लग जा मेरे और सारे गम भुला दे।
जिस्म की तपिश से,अपने दिल का जमा मोम पिघला दे ।

जब मैं तेरा सरपरस्त हूँ, तो किस बात का डर है ?
आगे जिंदगी की राह हसीन है, क्या तू इस बात से बेखबर है?

मैं तुम्हारी ज़िन्दगी में न आता,
तुम मेरी ज़िन्दगी में न आती,
ज़िन्दगी तो फिर भी गुज़र जाती ।
ज़माने से नज़रें चुराते हुए,
अपने ग़म छुपाते हुए राह कट जाती ।।

सावन भी जाता, बहारें भी जातीं,
पता ही ना चलता कब रुत बदल जाती ।
जाने कितने मनभावन नज़ारे होते,
जाने कितने दृश्य प्यारे होते ।
इनका इल्म ही ना होता, क्योंकि आँखे पथरा जातीं।।

जीवन की नैया को खेते हुए,
लहरों के थपेड़े सहते हुए,
भँवर में नौका फँस जाती ।
नज़रों में तलाश होती,
दिल में भड़ास होती,
अपने ही अरमानों की आग में,
अपनी दुनिया झुलस जाती ।।

ना होठों पर गीत होते,

ना तरन्नुम ना संगीत होते,

सुर की बंदिश हलक में ही,

घुट के रह जाती।

मुस्कान होती कड़वी सी,

हँसी होती फीकी सी,

बातें शुरू होती पर बीच में ही,

दम तोड़ के रह जाती ।।

कोई तस्व्वुर ना होता,

ना कोई ख़्वाब,

जुबान से हर वक़्त बरसता तेज़ाब।

आवाज़ भी करकश हो जाती,

रातों में कभी नींद ना आती ।।

और क्या होता ?

या और क्या न होता ?

सोच रूह काँप जाती है।

हर साँस तेरे मेरे मिलने की,

खुदा से शुक्र मनाती है।।

ये कैसी हूक ? ये कैसी प्यास? तू दिल में है

पर मन उदास, तेरी आंखें नशीली सी, तेरी बातें रसीली सी,

तू दूर हो कर, भी है पास,समेटे खुशनुमा एहसास,

ये तड़प जाती नहीं ,ये तन्हाई भाती नहीं ।।

नज़रों में तैरता, हमारा इतिहास,

आम से किस्से, हमारे लिए खास ।

बाँहों मे तुझे भर लूँ ,अरमान अपने पूरे कर लूँ ।

तेरी साँसो में मिला दूँ, अपनी साँस,

सुर जो निकलें, लगे अरदास।।

तेरे ख्यालों से, कसमसाता हुआ ।

अपने इश्क की तासीर पर, इतराता हुआ ।

जिस्म की तरंगें, करतीं बदहवास,

अपनी भावनाओं का, बन गया हूँ दास ।।

तेरे बदन को, चूमते हुए ,तेरी धड़कनो में खुदको

ढूँढते हुए ,ये लम्बे लम्बे दिनो का कारावास ।

हफ्तों में ही लगने लगे, सालों का वनवास ।।

लब तक आते आते पैमाना टूट गया ।
इंतज़ार का सिला मिला नहीं, मुकद्दर लूट गया ।।

क्या बयान करें ?
बहुत सपने सजाये थे मिलन के हमने,
जाने क्यों इस बार रब रूठ गया ?

तू वहाँ मजबूर है ज़िम्मेदारियों तले,
यहाँ दीपक की लौ सा मेरा दिल जले ।।

जिसे थाम कर खींच रहा था, वो दामन छूट गया,
वक्त के तकाज़े से, वादा जो किया था टूट गया ।।

सर्द आहों का सिलसिला जारी है,
एक एक पल गुज़ारना भारी है ।।

नज़रें तरस रही हैं दीदार को तेरे,
ये खाली से बाज़ू अब किसको घेरें ।।

मिलाप का खाका जो तेरे आगे किया था पेश, वो गया।
मन फिर बुझा सा, उदास सा, अतृप्त हो गया ।।

तुझे रास्ते में उतार आया,
अपनी जान तुझपे वार आया ।।
लौटा हूँ एक पुतला बन बेजान सा,
एक खाली खंडहर से मकान सा ।।

मेरी उमंग मेरी तरंग तेरे पास हैं,
फ़िज़ा का सारा रंग तेरे पास है ।।

अपनी हँसी अपनी मुस्कान तुझ पर लुटा आया,
अपने अरमानों का तूफ़ान तुझ पर लुटा आया ।।

सुंदर सी रात थी सुबह खुशग़वार थी,
इसी सफर में हरियाली इसी सफर में बहार थी ।।

अब तो बरसते सावन को भी फटकार आया।
आँखों में आने को तरसती नींद को नकार आया ।।

ये खोखलापन कैसे बरदाश्त करूँ?
ये तन्हाई ये अकेलापन कैसे बरदाश्त करूँ ?
ख़ुशी को तेरी तिजोरी में क़ैद कर आया।
सतरंगी सपनों को सफ़ैद कर आया ।।

लोग बंद आँखों से ख़्वाब देखते हैं,
हम खुली आँखों से ख़्वाब देखते हैं ।।

वो ख़्वाब जो हकीकत होंगे याकिनन,
क्योंकि उनपर न्यौछावर है तन और मन ।।

कल की कलिमा कल तक ही सीमित कर दी,
आज की खुशी चेहरे पर सुशोभीत कर दी ।।

आने वाला कल आज से भी ज़्यादा ख़ूबसूरत होगा,
खुली आँखों के ख़्वाब की सूरत होगा ।।

हम हाथ थामे क्षितिज तक चले जाएंगे,
हसरतों के इन्द्रधनुष तक पहुंच जाएंगे ।।

खुली आँखों के ख़्वाब सुनहरी भविष्य में तबदील होंगे।
जाने कितनी इच्छाओं के मुकाम हासिल होंगे ।।

कभी बातों से ज़ख्म होते हैं ।
कभी क्रियाकलाप के शूल चुभते हैं ।
कभी अपनों के दिए गम सहते हैं ।
कभी रिश्ते मुश्किल से निभते हैं ।
हर स्थिति से हम निपट सकते हैं ।
क्यूँकि मैं तेरे साथ हूँ, तू मेरे साथ है ।।

एक दूजे के घाव सीते हैं ।
हर ज़ख्म पर मरहम लगाते हैं ।
सलाह मशवरा करते हैं ।
एक दूजे को समझाते हैं ।
एक दूजे की बाँहों में सुकून,
एक दूजे की बाँहों में बेफिक्री पा जाते हैं ।
क्यूंकी मैं तेरे साथ हूँ,तू मेरे साथ है ।।

लोग बातें करते हैं ।
अफवाहें फैलाते हैं ।
रुसवाई का ख़ौफ दिखाते हैं,दिखाते रहें,
जलते हैं,बातें बनाते हैं,बनाते रहें ।

हम एक दूजे की ढाल भी है,
एक दूजे की तलवार भी।
हर चोट बरदाश्त कर सकते हैं,
कर सकते हैं, पलट वार भी ।
क्यूंकी मैं तेरे साथ हूं, तू मेरे साथ है ।।

लोग कहते हैं, खामोशी से सुख मिलता है ।
जिस खामोशी में दिलबर की आवाज ना हो वो रास आती नहीं ।
जिसमे दिलरुबा का आदाब ना हो वो सुबह भाती नहीं ।।

लोग कहते हैं तन्हाई से चैन मिलता है ।
यहाँ माशूका के बिना तन्हाई तन बदन में आग लगाती है ।
मनमीत की याद आ आ कर हर वक्त तड़पाती है ।।

लोग कहते हैं जुदाई से मोहब्बत बढ़ती है ।
यहाँ मोहब्बत की इन्तेहा ऐसी के उसके बिना, जीवन बेमानी लगता है ।
साँसों के हर तार पर उसका जादू बेतहाशा सर चढाता है ।।

लोग जो भी कहें हम पर लागू नहीं होता ।
दिल में बसाया उसका चेहरा कभी धूमिल नहीं होता ।
मोहब्बत ने जिसे जतन से ताराशा हो वो हीरा कोई नहीं खोता ।
दिल की लगी की ऐसी तासीर है की आशिक कभी चैन से नहीं सोता ।।

तुझ में मेरी, मुझमें तेरी जान है,
मैं तेरा तू मेरी निगहबान है ।।

हर अंधरे मे फनूस बन, तेरी लौ बुझने न दूँगा,
तेरा दामन फूलों से भर, सारे काँटे मैं ले लूँगा ।।

तू भी तो सरपस्त बन जाती है,
हर स्याह रात में प्यार की ज्योत जलाती है ।।

मैं तेरा शहजादा, तू मेरे प्राण है,
मैं तेरी सांसों की सरगम, तू मेरी धड़कनों की तान है ।।

सारे जहाँ की खुशी तुझ पर वार दूँ,
तेरी आग़ोश में न समा पाए इतना प्यार दूँ ।।

तू भी तो मेरी मोहब्बत पे, जान निसार करती है,
आँखों से छलक जाता है इतना प्यार करती है ।।

हकीकत बनता हुआ तू मेरा ख़्वाब अलीशान है,
तुझे भी तो मेरे इश्क पर बेहद गुमान है ।।

चल ये जो चाहत की आतिश लगी है,इसमे झुलस जाते हैं ।
हम एक दूजे के अंतःकरण में सदा के लिए बस जाते हैं ।।

मैं तेरे सुखों का, तू मेरे सुखों की, बागबान है ।
हमारा हर बोल एक दूजे के लिए प्रीतिगान है ।।

बहुत सारा प्यार और दो सुलगते बदन,
एक ख्वाबगाह बन जाती है खुशी का चमन ।।

न शिकवे कोई, न गिले कोई, न दर्द भरे अफसाने,
ना फ़िकर कोई, ना बेहुदा ज़िकर कोई, ना ख़ौफ़ कोई अंजाने ।।

बस मस्ती के हिलोरे और मोहब्बत के नगमे,
दुनिया में बाकी सब पराए बस ये ही दो अपने ।।

गुफ्तगू आवाज़ से कम, आँखों से ज़्यादा,
न कोई सरहद, न कोई पाबंदी, न कोई मर्यादा ।।

भूख प्रीत की ज्यादा, पेट की कम,
चुम्बन और आलिंगन ज्यादा, न गम, न आंखें नम ।।
मुस्कुराहटें बिखरी हुईं, ठहाके गूँजते हुए,
एक दूजे की बाँहो में, एक दूजे को ढूँढते हुए ।।

हम फिरदौस में हाथ थामे रहते हैं, सैंकडो उम्मीदों के साथ ।
हाथ थामे ही निकलते हैं, तृप्ति और सुखद यादों के साथ ।।

पेशे से शायर होता मै,
तो और भी लव्ज़ों का इल्म होता मुझे ,
हज़ारों तारिकों से कहता तुझे ,
की मुझे तुझसे प्यार है ।।

पेशे से गीतकार जो होता मै,
तो और भी तरन्नुम का इल्म होता मुझे ।
अपने गीत से ,बेकरारी बयान करता,
गुलशन तेरा हर बियाबान करता ।।

पेशे से मौसिकार जो होता मैं,
तो साज़ को आवाज़ देने का इल्म होता मुझे ।
वीणा की झंकार से ,तेरा इस्तकबाल करता,
सारा समा नृत्यमय और खुशहाल करता ।।

पेशे से चित्रकार जो होता मैं,
तो रंगों और रेखाओं का इल्म होता मुझे ।
खून ए जिगर से तेरी तस्वीर बनाता,
तेरे हुस्न को अपनी आँखों मे बसाता ।।

पेश से शिल्पकार जो होता मैं,
तो बुत बनाने का इल्म होता मुझे ।
तेरी नायाब मूरत बनाता,
तेरी शोख़ अदाएँ खूबसूरत बनाता ।।

प्यार भरी नज़रों से जब तू, मुझे देख मुस्कुराती है ।
खुदा कसम मेरी, जान निकल जाती है ।।
तेरी छोटी सी उंगली जब मेरे होठों पे, हरकत कर जाती है ।
शोले उठ जाते हैं मेरे तन बदन में, बिजली सी दौड़ जाती है ।।

अपनी जुल्फों का साया जब तू मेरे चेहरे पर बिखराती है ।
काली घाटाओं का आभास होता है, बरखा बरस जाती है ।।

मेरे माथे और गालों को, जब तू हौले हौले सहलाती है ।
अरमानों का तांता लगता है, हर भावना जाग जाती है ।।

मेरी पीठ पर, जब अपने नखूनों से, तू तस्वीर बनाती है ।
मन आपा खोता है, मेरे दिल में अजीब सी, आग लग जाती है ।।

मेरे गालों पे, तेरे होठों की पंखुड़ी, रस वर्षा कर जाती है ।
मेरी मोहब्बत परवान चढ़ती है, कसमसा कर, तुझे सीने से लगाती है ।।

कुछ यादें तीखी-तीखी सी,
कुछ सपने मीठे मीठे से ।।

कुछ ज़ख्म टीस मारते हुए,
कुछ इत्मिनान के पल ,आँखे भरते हुए ।।

एक वर्तमान सहमा पर खुशग़वार,
हर सिम्त उजाला और बिखरा हुआ प्यार ।।

एक कल काला ,पर गुज़रा हुआ,
एक कल आने वाला उम्मीदों से भरा हुआ ।।

कुछ कराहें भींचे हुए होंठों से निकलती हुईं,
कुछ आहें दिल को करार से भरती हुईं,मचलती हुईं ।।

कुछ हाथ जो हाथों से छूट गए।
कुछ रिश्ते जो सदा के लिए टूट गए ।।

दो हाथ जो हाथों में आ गए।
कुछ प्यारे से बोल जो दिल में समा गए ।।

कुछ राहें जिन पर अब जाना नहीं,
दो बाँहें जिनसे दूर कर सकता ज़माना नहीं ।।

मोहब्बत जिसका जादू दिल पर छाया हुआ,
मेरा प्यारा सा दिलबर कुछ बेबाक, कुछ शर्माया हुआ ।।
कुछ हँसाती, कुछ गुदगुदाती सी जिंदगी,
कुछ चिंता से त्यौरियाँ चढ़ाती सी जिंदगी ।।

कुछ खो दिया, जिसका ग़म नहीं,
जो पा लिया वो किसी से कम नहीं।।

जुदाई में, सिर्फ तेरी आवाज़ का सहारा है,

कभी तन्हा महसूस नहीं होने देता मेरा हमदम इतना प्यारा है।

आवाज़ जो शोखी से खनकती है,

आवाज़ जो मेरे गम से गमगीन हो ,समझाती है दुलारती है,

आवाज़ जो आवेश में आकार काँपती है डाँटती है ।।

आवाज़ जो फलसफे सुनती है सुनाती है,

आवाज़ जो मासूमियत से भरी हुई, मोहब्बत के नगमे गाती है,

आवाज़ जो दिल्लगी करती है, मेरी शरारती बातों पर खुल के हँसती है।

आवाज़ जो गंभीर हो कर कभी ,मोहब्बत के किसीदे जप जाती है,

आवाज़ जो देखी सुनी कहानियाँ सुनती है सुनाती है ।

कभी अतीत की यादें कहती है, कभी कल के सपने सजाती है,

और कभी घायल भावना के चलते रुंधती भी है और रो जाती है,

कभी अपनी, कभी मेरी, खुशी से मचलकर, किलकारियाँ लगाती है ।

दिलबर एक है नायाब मोती की तरह,

आवाज़ें अनेक हैं राग रागिनी की तरह ।

हर सुर अलग, हर सुर मन मोहक,

हर तरंग कर्णप्रिय, हर तान आकर्षक ।

सुन सुन कर जी नहीं भरता,

हर सुर उदासी का इलाज,

हर सुर मेरी पीड़ा है हरता ।।

चारो ओर मेरे अंधेरे छा रहे,

तू अपने प्यार का दिया जला ले ओ हमनावा ।

चारो ओर चिंता है,

तू अपने आँचल में मुझे छुपा ले ओ दिलरुबा ।।

क्रोध से जी काँप रहा है, तू अपनी बातों से मुझे बहला ले ओ जानेजा ।

आज्ञात भय बसा हुआ है, तू अपने सीने से मुझे लगा ले ओ मितवा ।।

हर सिम्त खतरा महसूस कर रहा हूँ, तू धीरज मुझे बंधा दे ओ रहनुमा ।

काँटे बिखेरे हुए हैं, तू फूलों की सेज सजा दे ओ जालिमा ।।

तुझे देखने से लगा कि तेरी खुशबु में खो जाऊँ मै,

तुझे बाँहों में समेटकर मदहोश फिर हो जाऊँ मै,

सारे जहान को भूल कर तेरी आग़ोश में सो जाऊँ मै ।।

जी करता है तुझे मै बाँहों मे झुलाऊँ,
पीठ पर लाद के चारों ओर घुमाऊँ,
कवायत नहीं यारा ये इश्क है ।।

जी करता है तुझसे रोज रूठ जाऊँ,
तुझसे झगड़ू और बातें बनाऊँ,
तू प्यार से मनाए तो मान जाऊँ,
शिकायत नहीं यारा ये इश्क है ।।

जी करता है तुझमे समा जाऊँ,
तुझको तुझी से चुराऊँ,
रूमानियत नहीं यारा ये इश्क है ।।

जी करता है तेरी राह की सारी रुकावटें हटाऊँ,
फूल सा महफूज तुझे बनाऊँ,
इंसानियत नहीं यारा ये इश्क है ।।

जी करता है तेरे लिए जान की बाजी लगाऊँ,
सारे खतरों से मैं खेल जाऊँ,
मासूमियत नहीं यारा ये इश्क है ।।

जी करता है तेरी जिंदगी से सब को हटाऊँ,

मैं ही तुझे हर ओर नजर आऊँ,

हैवानियत नहीं यारा ये इश्क है।।

तेरे साथ गुजरा हर लम्हा,

मेरे लिए कायनात होता है ।

सनम सारा जहान तुझमे समा जाता है,

जीवन खुशियों की बारात होता है ।।

चाहे पहलू में बैठी हो तू, या फासले पर,

चाहे गले लगी हो तू, ये लेटी हो हाथ थाम कर ।

तेरा साथ, हर ग़म, हर परेशानी से निजात देता है ।

खुदा का शुक्र की मेरे साथ ,इतना हंसीं ,शारिक ए हयात होता है ।।

कभी नगमो का खेल, कभी जिस्मों का मेल,

हर पल खुद, वफ़ा ओ जज्बात होता है ।

नदिया साथ होती है ,फिर भी प्यास बढ़ती है,

तेरी मोहब्बत की ख़ुमारी ,ज़हन में उतरती है चढ़ती है ।

बेखुदी में, दो रूहों का मिलन, हर बार, हर रात होता है,

मिलन इतना गहरा, चाहे जमाने का हो पहरा,

मानो हमारा इश्क, इश्क ही नहीं, एक वारदात होता है ।।

तू मेरी सखी भी है, तू मेरी दिलबर भी है ।
तू जानशीन भी है, तू बंदापरवर भी है ।।

मैं तुझमे वाबस्ता हूँ, तू मुझ मे वाबस्ता है ।
ये अनोखा बंधन है, ये अनोखा रिश्ता है ।
तू जिंदगी की शाम भी है, तू ज़िन्दगी की सहर भी है ।।

मै तेरे दिल में बसा हूँ, तू मेरे दिल में बसी है ।
मैं तेरे मोहजाल में फँसा हूँ, तू मेरे मोहजाल में फँसी है ।
तू प्यार का सागर भी है, तू खुशी की लहर भी है ।।

तेरी आँखों में सपने हैं, मेरी आँखों में सपने हैं ।
सारा जग बैरी हो जाए, हम तुम एक दूजे के अपने हैं ।
तू मेरी ताक़त भी है, तू मेरी हमसफ़र भी है ।।

तेरी हर बात से प्यार झलकता है, तेरी हर अदा से दिल धड़कता है ।
तेरी हर नज़र से ज़ालिम, मोहब्बत का शोला भडकता है ।
तू मेरी प्यारी सीतामगर भी है, तू ही राहत देती चारागर भी है ।।

मोहब्बत की धुंद में, चलते दो हमसाए से,

अपने से भी अपने हो गए, जो थे कभी पराए से ,

इश्क की दरिया में डूबते हुए उबरते हुए ।

एक दूजे के ग़म अपना कर, खुशी से दामन भरते हुए ।

इस क़दर एक दूजे में, घुले हुए मिले हुए ।

हैं फूल की पंखुड़ियों की तरह फले हुए खिले हुए ।

फासले हों दारमियाँ फिर भी मन जुड़े रहते हैं ।

नदिया की मौजों की तरह संग संग बहते रहते हैं ।

कोई शै नहीं जो मन से अलग कर दे ।

कोई विपदा नहीं जो दिलों में ज़हर भर दे ।

बेख़ौफ एक दूजे में तल्लीन, आगे बढ़ते जाएंगे ।

जिंदगी तो बहुत छोटी है, जनमो तक साथ निभाएंगे ।।

तुझसे जुदा होते ही दिन का चैन गया,
रात की नींद हराम हो गई ।
सुबाह बेमानी सी, जल्द ही वीरानी सी,
जिंदगी की शाम हो गई ।।

कभी ख्वाबों में तू है,
कभी ख्यालों में तू है ,
बस तेरी ही रंगत है,
तेरी ही जुस्तजू है ।
कीमती समझते थे खुद को,
खुद के व्यक्तित्व को,
तेरे सामने शख्सियत ही बेदाम हो गई ।।

जीवन की राह काफ़ी लंबी है इंशा अल्लाह,
उस पर मेरा हमसफ़र इतना हसीन है, माशा अल्लाह,
प्यार भरी ख़ताएँ इतनी सारी, सारे आम हो गई ।।

तू दूर हो तो मुश्किल, तू पास हो तो महफिल,
तुझ से जुदाई क़ातिल, तुझ से मिलाप ही मंजिल,
तू मेरे सबाबों का अंजाम हो गयी ।।

बाहर सावन बरसता है,

बिजली दिल पर गिरती है,

फुहारें आग लगाती हैं,

घटा जब आसमान में फिरती है,

बरखा बहार ही मेरी मोहब्बत का पैग़ाम हो गई ।।

रिम-झिम बरसता सावन आग लगा रहा है,

मुझे मेरे दिलबर की याद दिला रहा है,

सर्द हवाओं का गुंजन कहर ढा रहा है,

प्रीतम के आलिंगन का एहसास करा रहा है ।

भीगे हुए दरख़्त भीगी टहनियाँ,

सुना रही है मुझे प्रेम कहानियाँ ।

पत्तों पे अठखेलियाँ करती हुई बूँदें बारिश की,

रुबाई सुना रही हैं मुझे प्रेमालाप की, ख़्वाहिश की ।

भीगी हुई घास कालीन सी बिछी हुई,

मानो दो प्रेमियों के लिए सेज हो सजी हुई ।

सेहमी सी, गीली सी, फैली हुई ज़मी,

मानो शर्माती सी माशूका, लेटी हो कहीं ।

फूल कुछ सर झुकाते ,कुछ डोलते हुए,

मानो दिलरुबा के अधर काँपते हुए, बोलते हुए ।

बिजली चमकती हुई, रौशनी कर जाती हुई,

मानो प्रियतमा की मुस्कान झिलमिलाती हुई ।

गड़गड़ाते बादल धड़कने बढ़ाते हुए,

महबूबा के हुस्न का जादू सर तक चढ़ाते हुए ।

प्रकृति का अदभुत नृत्य मधुर भी, मनभावना भी,

एक ही चाह जगाए एक ही कामना भी।।

तुम्हारे आते आते जिंदगी की शाम हो गई,
हम तो सोचने लगे हमारी बंदगी नाकाम हो गई ।
मेरी वफ़ा दुनिया में बदनाम हो गई ।।

महसूस हुआ मानो सफर ए जिंदगानी अब शुरू हुआ,
बेमुरव्वत निकले जिनपर हमने भरोसा किया ।।

टुकड़े समेट रहे थे दिल के, और अपने आशियाने के,
तार जोड़ रहे थे बिगड़े हुए तराने के,
वीराने में भटकते राही के लिए,
तू गुलशन की गुलफ़ाम हो गई ।।

तूने टूटे दिल को जोड़ दिया और मोहब्बत का जज़्बा जगाया उसमें,
न झूठी दिलासा दी और न झूठी वफ़ा की कसमें ।
अब तो इश्क की सल्तनत तेरे नाम हो गई ।।

अब बची हुई राह पर जितना सफर बाकी है,
उसमे तू ही हमराही है, तू ही प्यार की मय पिलाती हुई,
मेरी खूबसूरत साकी है।
मेरी दुआओं का तू मुअज्जिज़ अंजाम हो गई ।।

तुझे जब गीत सुनाता हूँ,
तब तुझ में डूब जाता हूँ ।
शाम हो या सहर,
रात हो या दोपहर,
तेरे कानो तक अपने स्वर,
नित पहुँचाता हूँ।।

हम पास रहें, या दूर रहें,
आज़ाद रहें, या मजबूर रहें।
अपनी आवाज से तुझे अपनी,
याद दिलाता हूँ।।

कुछ गीत मनाते हुए,
कुछ गीत मस्ती जगाते हुए,
हर अंदाज़ में गाते हुए,
तेरी दाद पाता हूँ ।।

कभी मोहब्बत का पैगाम होता है,
कभी शरारत भरा जाम होता है,
अपने सुरों से इश्क के,
दिये जलाता हूँ ।।

कभी दिल-ए-बेकरारी का हाल होता है,

कभी जुदाई का मलाल होता है,

तेरे लिए गाया गया हर गीत,

वल्लाह कमाल होता है,

निस दिन तेरे तसव्वुर में,

मै गुम हो जाता हूँ।।

जब तुम खुशी से मुस्कुराती हो और तुम्हारी आँखें चमकती हैं ,

दिल बल्लियों उछलता है, प्यार की लहर उठती है ।

जब तुम गले में बाहें डाल के इतराती हो और होठों की प्यास बुझती है ,

रात को दिन निकल आता है, मोहब्बत की कलियाँ खिलती हैं ।

जब तुम हाथ थाम कर इठलाती हो, और तुम्हारी हँसी नहीं रुकती है ,

बदली से चांद निकल आता है, झरने की मौजें, चढ़ती हैं और झुकती हैं ।

जब तुम सीने पर सर रखती हो और तुम्हारी उंगलियाँ हरकत करती हैं ।

धड़कन तेज हो जाती है, पूर्ण मिलन को जान मचलती है।।

संदेशों के आने जाने से दिल बदहवास नहीं होता ।
क्या हुआ जो मेरा दिलबर पास नहीं होता ।।

संदेश कभी ख़ूबसूरत शायरी में,
कभी मीठी बातों में, कभी हँसी प्यारी में,
माशूका से वार्तालाप में गुज़रे वक्त से,
कोई वक्त खास नहीं होता ।
क्या हुआ जो मेरा दिलबर पास नहीं होता ।।

कभी इक़रार के नग़मे होते हैं,
कभी इंतज़ार के नगमे होते हैं,
कभी विरह के गाने होते हैं,
कभी सुलगते अरमानों से लबरेज़,
गीत सुहाने होते हैं ।
तरन्नुम की हर लय से बढ़कर,
कोई ख़ूबसूरत एहसास नहीं होता ।
क्या हुआ जो मेरा दिलबर पास नहीं होता ।।

कभी दुनियादारी के बोल होते हैं,
कभी तमन्नाओं के रत्न अनमोल होते हैं ,
कभी शिकवे शिकायतों के पुलिंदे दिल खोल होते हैं,
महबूबा की आवाज़ से ज़्यादा कर्णप्रिय,

किसी साज़ का इतिहास नहीं होता ।
क्या हुआ जो मेरा दिलबर पास नहीं होता ।।

कभी यादों का सफर होता है,
कभी शरारतों का ज़िकर होता है,
कभी संजीदा ख्याल होते हैं,
हर बार का अफसाना, गुजरे वक्त से बेखबर होता है ।
कभी भी कोई समय, मोहताज-ए भूख-ओ- प्यास नहीं होता ।
क्या हुआ जो मेरा दिलबर पास नहीं होता ।।

यार ही मेरी 'दुआओं' का नतीजा ,
यार ही प्रार्थनाओं का सार है ।
यार से ही जीवन में हलचल है ।
या जीना बेकार है ।।

यार ही मेरे लिए कबा काशी,
यार ही मेरे लिए हरिद्वार है ।
यार ही सुख है चैन है ।
यार ही रूह का क़रार है ।।

यार ही इश्क है मोहब्बत है ।
यार ही मेरे जुनून का इज़हार है ।
यार ही अदा है खूबसूरती है ।
यार ही नज़ारों का इश्तेहार है ।।

यार से ही हँसी है खुशी है ।
यार ही तृप्ति से साक्षात्कार है ।
यार ही दो जहान की नेमत है ।
यार ही तोहफ़ा है चमत्कार है ।।

यार ही जन्नत है हूर है ।
यार ही स्वर्ग का अलंकार है ।
यार पर सौ जानें न्यौछावर मेरी,
यार ही मेरे लिए संसार है।।

तेरे साथ ज़िन्दगी कितनी रंगीन सी है,
मैं जवान सा हूँ तू हसीन सी है ।।

शुक्र है उस ख़ुदा का जिसने हमें मिलाया ।
सिर्फ मिलाया ही नहीं इतना करीब लाया ।
अब तो मैं तेरा आशिक, तू मेरी महजबीं सी है,
मैं जवान सा हूँ तू हसीन सी है ।।

दिनो महिनो सालों का नहीं ये उम्र भर का साथ है ।
हर शै से टकरा जाऊँ हाथो में जो तेरा हाथ है ।
मैं तेरा विश्वास तू मेरा याकीन सी है ।
मैं जवान सा हूँ तू हसीन सी है ।।

तेरे बिना जिंदगी अब सोच भी नहीं सकता,
तेरे अलावा कोई नज़ारा अब नहीं जँचता ।
तेरे साथ मैं इत्मिनान में,
मेरे साथ तू मुतमईन सी है ।
मैं जवान सा हूँ तू हसीन सी है ।।

मैं माँझी हूँ तेरा तू मेरी पतवार है,

लैला मजनू से मुक़ाबिल तेरा मेरा प्यार है,

मैं तेरा फलक सा तू मेरी ज़मीन सी है ।

मैं जवान सा हूँ तू हसीन सी है ।।

नज़रों के शोख पैग़ाम, लबों पर मचलते अंगारे,
मै खुद पर काबू कैसे करूँ ?

न जन्नत का ख़्वाब है,
ना धन दौलत की फरमाइश है,
बस मोहब्बत की भूख है,
और जलवों की नुमाइश है,
हाथों में दिलकशी का जाम,
नैन पुकारें कजरारे,
मै खुद पर कबू कैसे करूँ ?

न मैं किसी और का रकीब हूँ ?
न मैं किसी और के करीब हूँ ?
मै बस आशिकी का बनाया हुआ,
एक गुमनाम सा अदीब हूँ।
तेरी नशीली आवाज़ में मेरा नाम,
गालों पे लहराते तेरे गेसु मतवारे ।
मै खुद पर काबू कैसे करूँ ?

न दिखवा है न झूठे बयान हैं,
न चलाकी का नामोनिशान है ।
बस तुझमें फँसी हुई मेरी छोटी सी जान,
तेरी मधोश हरकतें,और मुझपर उनका असर अंजान।
गुहार लगाते हुए तेरे बोल प्यारे ।
मै खुद पर काबू कैसे करूँ ?

जिसे दिल दे चुका हूँ, उसे क्या दूँ मै नजराना? जरा बताना ।
सोने सा तो है बदन उसका,
चांदी सा तो है मन उसका, तीर दे दूँ उसे?
जिस से दिल पर साधे निशाना,ज़रा बताना ।।

चाँद चुरा के लाऊँ?या तारे तोड़ लाऊँ?
नश्तर दे दूँ उसे? जिसे जिगर पर है चलाना, ज़रा बताना ।।

हीरों सी वो खुद है, मोतियों की कहाँ सुध है ?
तूलिका दे दूँ उसे ? उसे आता है चित्र बनाना, ज़रा बताना ।।

फूल से है ज्यादा हंसी, कलियों सी है दिलनशीं ।
अपने हाथों का गुलदास्ता दे दूँ? जिसमे उसे है गुल खिलाना,
ज़रा बताना ।।

नया कोई रतन दूँ ? या अपना बाँकपन दूँ ?
प्रेमधन दे दूँ उसे ? जिसे जीवन भर है निभाना, जरा बताना ।।

इत्र सी बदन की ख़ुशबू,
लाली से लाल ,होठों का जमाल । काजल दे दूँ उसे ?
कजरे की धार से लिखे अफसाना, ज़रा बताना।।

तुम मुझे हमेशा हँसती मुस्कराती भाती हो,

चहकती इठलाती भाती हो ।

तुम्हारी आवाज़ में उदासी मन कचोट जाती है,

उजालों में अंधकार की लहर दौड़ जाती है ।

तुम्हारी आँखों में आँसू मैं सह नहीं सकता,

सबब दूर किए बिना रह नहीं सकता ।

फूल खिल उठते हैं जब तुम गुनगुनाती हो,

मासूम सी आवाज़ में गीत गाती हो ।

नाशाद परेशान तुम्हें देख नहीं सकता,

तुम्हारी खुशी का निगाहें तकती हैं रस्ता ।

सारे गम भूल कर जब तुम खिलखिलाती हो,

बहार आ जाती है खुशी के कमल खिलाती हो ।

कुछ जीवन में आपा धापी कुछ ऊँच नीच होती है,

जिनकी वजह से किल्लत और तान खींच होती है ।

जब तुम उन्हे पार कर गर्व से सीना फुलाती हो,

मेरे दिल-ओ-जान में और गहरे उतर जाती हो।।

अंधेरों में डूबी थी ज़िंदगी तूने प्यार का दिया जलाया,
रौशन कर दिया जहान मेरे लिए अपने दिल में मुझे बसाया ।
गुज़ार देते ज़िंदगी तन्हा भी तू ना आती अगर,
पर बहुत कठिन और बेनूर होता जीवन का सफर ।
तूने आकार अपनी मोहब्बत से खुशियों का चमन खिलाया ।।

मैं टूटता नहीं तो झुक जरूर जाता,
आँधियों में राह पर रुक जरूर जाता ।
तू बनी चट्टान विश्वास की, और हौसला मुझे दिलाया ।।

अब हम एक दूजे के पूरक हैं,
मिलन स्वर्ग है जुदाई नरक है ।
ख़ूबसूरत साकी बन तूने मुझे,
इश्क का जाम पिलाया ।।

तूफ़ान और भी आएंगे आते रहें ।
भंवर उठेंगे डुबाने को ,डुबाते रहें ।
अब ये कदम मंजिल पर ही रुकेंगे ।
ये कठोर निश्चय का समा तूने ही बनाया ।।

अब तेरा मेरा हमेशा का साथ है,
मेरे हाथों में सदा तेरा हाथ है,
तूने ही प्रीत के देवता से,
साक्षात्कार कराया ।।

तेरी नज़रेइनायत के, मोहताज बन गए हैं ।
हम तेरे तलबगारों के, सरताज बन गए हैं ।।

तेरी बेरुखी बरदाश्त नहीं हमको,
तेरी नाराज़गी के साये ने , तारे दिखाए दिन को,
तेरे मिजाज़ों पे, निर्भर आज बन गए हैं ।।

तू मुस्कुराए तो, मदमस्त सवेरा है ।
तू उदास हो जाए तो, हर सिम्त अंधेरा है ।
जिसको तू छुपा न सकी, वो राज़ बन गए हैं ।।

तेरी खुशी दिल में, फूल खिलाती है ।
तेरी आँखों की चमक, जिंदगी रौशन कर जाती है ।
तेरे साथ और ज्यादा जाँबाज़ बन गए हैं ।।

मिलते हैं बिछड़ते हैं; फिर मिलने की आस पे जीते हैं ।
बातें होती हैं संदेश जाते हैं; कभी साथ साथ गाने भी गाते हैं ।
पर फिर भी एक अकेलापन दिल को कचोटता हैं ।
मिलने की बेकरारी की भांग को घोटता हैं ।।

कभी तो दर्द सा उठता है; जब ज़ख्मों को खुद ही सीते हैं ।
आँखों मे छलक आए आँसुओं को पीते हैं ।।

मिलते हैं; तो समय को पंख लग जाते हैं ।
फिर भी जिंदगी से खुशनुमा लम्हो को हम चुराते हैं ।
कुछ पलों के लिए, जहान को भूल जाते हैं ।।

एक दूजे में इस कदर हम खो जाते हैं ।
हम चुराए हुए समय में, छोटी सी, मुक़म्मल ज़िंदगी जी जाते हैं ।।

दुआ है की जब भी बिछड़ें तो फिर मिलने के लिए,
फूल की तरह गिरें तो फिर खिलने के लिए।।

मिलन और जुदाई के सिलसिले, यूँ ही चलते रहेंगे ।
जब तक हम एक न हो तब तक, ये चाहत के बंधन, यूँ ही फलते रहेंगें ।।

माना के दुनिया में सैंकड़ों फजीते हैं ।
पर हम दो को बांधे हुए, हमारे प्यार के, फौलादी फीते हैं ।।

कभी-कभी तेरी तकरार पर बड़ा प्यार आता है,
जिस कारण से तू नखुश होती है,
और फिर तेरे व्यवहार पर,
बड़ा प्यार आता है ।।

इतनी मासूमियत इतना भोलापन,
शिकवों में छुपा इतना अपनापन ,
और साथ साथ होती आँसुओं की, भरमार पर,
बड़ा प्यार आता है ।।

भर्राई आवाज़ और मस्त अदाएँ,
फिर....फिर...कहती तेरी वफ़ाएँ,
हो जाती जब दिल के आर पार,
बड़ा प्यार आता है ।।

दिल तो करता है बस सुनता जाऊँ,
तेरे इजहार के इस तारीके को ना रुकाऊँ,
पर हो जाता है मेरा हृदय भी बेकरार,
बड़ा प्यार आता है ।।

और मनने के बाद की,

तेरी हँसी बेमिसाल होती है।

आवाज़ की खनक मानो घुंघरूओं की ताल होती है।

फिर जो तू बडबडाती है बार बार तो,

बड़ा प्यार आता है।।

शुक्र है ख्यालों के पाँव नहीं होते वर्ना;

उन्ही पर सवार हो तुम तक पहुँच जाता ।

शुक्र है सपनो के पंख नहीं होते वर्ना;

मेरा सपना तुम्हारी आँखों में समा जाता ।

शुक्र है उम्मीदों के बाल नहीं होते वर्ना;

उनके जाल में खुद को फँसा पाता ।

शुक्र है वफाओं के पतवार नहीं होते वर्ना;

इश्क की किश्ती में तुमको उठा लाता ।

शुक्र है जज्बातों के डोरे नहीं होते वर्ना;

उनसे तुमको खुद से बांधता चला जाता ।

शुक्र है इच्छाओं के गहने नहीं होते वर्ना;

उनसे तुम्हारे अंग को सजा जाता ।

शुक्र है अरमानों के रंग नहीं होते वर्ना;

उनसे अपनी तस्वीर तुम्हारे दिल पर बना जाता ।

और शुक्र है उस खुदा का, की तुम्हें रूबरू लाया वर्ना;

मै दीवाना हो, जाने किस कालिख में समा जाता है।

कुछ प्यारी सी अतीत की यादें हैं,
कुछ वर्तमान की मुलाक़ातें हैं ।
कुछ भविष्य के सुनहरे सपने हैं ।
सारी जिंदगी धूमिल हो गई,
बस यही तो अपने हैं ।।

अतीत की छोटी सी प्यारी सी गुड़िया।
वर्तमान की महबूबा, जादू की पुड़िया।
भविष्य में अपने बुढ़डे का हाथ थामे,
हौले हौले चलती बुढिया ।।

अतीत का प्यार भरा दोस्ताना।
वर्त्तमान का इश्क से भरा याराना।
भविष्य में स्नेह से भरा,
जीवन के सूर्यस्त तक का साथ निभाना ।।

अतीत के तेरे मेरे दिल के छाले।
वर्तमान में उनपर मरहम लगाते हुए ,
तेरे मेरे हाथ मतवाले ।
भविष्य में एक दूजे का ख्याल रखते हुए ,
आँखों से पीते प्रेम के प्याले ।।

बस ये तीनो अहसासों मे डूबा रहता हूँ ।
कुछ महसूस करता हूँ, कुछ तुमसे कहता हूँ ।
ये एक तिलस्म सा है, एक अलौकिक आभास है ।
सारी दुनिया पार्श्व है, तू जो मेरे पास है।।

जरा जरा सी बात पर क्यों, परेशान हो जाती है ।
तू मेरी है मैं तेरा हूँ फिर क्यों, आँसू बहाती है ?

तेरी चिंता और उसमे छुपा हुआ, प्यार देख मैं इतराता हूँ ।
तेरी हर नाराज़गी के बाद, खुदको तेरे और करीब पाता हूँ ।।

थोड़ा धैर्य रख और भगवान पर विश्वास कर ।
उसने दोनो को मिलाया है अगर,
तो निगेहबानी भी करेगा सातों पहर ।।

जरा सी समय की कोताही से क्यों, तेरी आवाज और रूह काँप जाती है ।
जब मैं मर मिटा हूँ तुझ पर तो क्यों, आशंका सताती है ।।

तेरे साथ कुछ ही समय बिताया है पर, लगता है जन्मों का नाता है ।
खुद को याकिन हुआ कि मुझे, प्यार निभाना आता है ।।

फिर क्यों अज्ञात भय से, तू सिहर जाती है ।
मै तेरा दोस्त, सनम, सरपरस्त हूँ ,फिर क्यों तू घबराती है?

जान छोड़ दूँगा पर, दामन नहीं छोड़ूंगा तेरा ।
तू ही जानम है, हमनावा है ,और पहला प्यार है मेरा ।।

न मैं परेशान न उदास होता हूँ ।
जब भी मैं तेरे पास होता हूँ ।
सारी चिंताएँ काफूर हो जाती हैं ।
बस मोहब्बत जाग जाती है ।
बेकली कोसों दूर भाग जाती है ।
जब तेरी बाँहो में खोता हूँ ।।

थोड़ा सा मैं पागल हूँ ।
थोड़ी सी तू पागल है ।
सदा एक दूजे के लिए बेताब रहते हैं ।
कुछ अपनी कुछ जग की सुनाते हैं ।
कभी किस्से कभी कहानियाँ कहते हैं ।
तेरे आँचल में मुँह छुपाकर सुंदर सपने पिरोता हूँ ।

प्यार बेशुमार सा है ।
दीवानगी का बुखार सा है ।
दोनो के मिलन से जो बना है ।
वो नायाब हार सा है ।
तेरी बाँहों के हार के दरमियाँ,
अपना जग सारा संजोता हूँ ।।

तुम्हारा चेहरा इस कदर आँखों मे बसा है ,

कि और कोई चेहरा सुहाता नहीं ।

तुम इस क़दर मेरी हस्ती से वबस्ता हो,

कि और कोई ख़्वाबों में आता नहीं ।

क्यों डरती है क्यों परशान होती है?

तेरे साथ ही मेरा आज हैं ।

तेरे साथ ही मेरा कल हैं ।

इस बात में न कोई शक ओ शुभा,

न कोई छल हैं ।

तेरे बिना तो जिंदगी का

तसव्वुर ही मन में, समाता नहीं ।।

तेरे साथ मोहब्बत के, सफर का आग़ाज किया ।

सफर का अंजाम भी तेरे, साथ ही होगा ।

तेरे साथ ही खूबसूरत पल बीते,

तेरे साथ ही हर किस्म का सुख भोगा ।

वादा रहा ऐसा आशिकी का रिश्ता निभाना है ।

जैसा कोई भी निभाता नहीं ।।

काँटों पर बहुत चले हम तुम,
अब फूलों की सेज पर चलेंगे ।
दर्द के आँसू बहुत बहाए हमने,
अब खुशी के आँसुओं में डूबेंगे ।
हम तुम साथ हो तो कोई ग़म,
छू कर भी कभी जाता नहीं ।।

वक़्त की कयाल है दुनिया सारी,
हम प्रीत के कयाल हैं ।
वक्त कितना भी गुजरे कोई परवाह नहीं,
हम इस क़दर एक दूजे के प्यार में पागल हैं ।
प्रेम की दुनिया बनेगी और बसेगी,
हमारे नाते से मजबूत कोई नाता नहीं ।।

कुछ लव्ज़ ही हैं मेरे पास, जिनका उलट फेर करता हूँ ।

चाहे ग़म के फसाने हों, या मोहब्बत के गाने हों,

चाहे खुशी का इज़हार हो, चाहे दिल बेकरार हो ।

लव्ज़ों से ही बेजान तस्वीर में रंग भरता हूं ।

चाहे दोस्त का लगाव हो, या इश्क का खिंचाव हो ।

या दिल पर लगा घाव हो, लव्ज़ों से ही सारे इलाज कर गुज़रता हूँ ।

चाहे मनमीत की याद हो, या टूटे दिलों की फरियाद हो ।

चाहे खौफ-ए-तनहाई हो, या महफिलें सजाई हों ।

लव्ज़ों से ही बयान शामो सहर करता हूँ ।

कभी डरता हूँ, लव्ज़ भी मुझे छोड गए तो क्या होगा?

हरजाई, जुमलों का बहाव तोड गए तो क्या होगा?

क्या फिर हर शै से नज़रें मिला पाउंगा ?

मन मासोस के रह जाऊंगा,

या मोहब्बत का फूल खिलाऊंगा?

फिर एक एहसास रौशन हो जाता है ।

की मेरा यार मेरे साथ है,

लव्ज़ छूटें दुनिया रूठे,

मेरे हाथ में उसका हाथ है ।

उसकी वफ़ा के सहारे,

सब कुछ कर गुज़रूंगा ।
जीवन के इस कुरुक्षेत्र में,
योद्धा बन कर उतरूंगा ।।

जैसे ही पन्ना धूमिल हुआ जिंदगी की किताब का,

नया पात्र उभर आया ले कर तोहफ़ा शबाब का।

तब तक कहानी दर्दनाक थी ।

मन:स्थिती खतरनाक थी ।

आँखों में आँसू थे या अंगारे कह नहीं सकता।

वहशत के कितने ख्याल थे सारे कह नहीं सकता।

कहानी में ऐसा मोड़ आया,

की मैं सारे अंधेरे पीछे छोड़ आया।

नया पात्र अपनी अदाओं से ऐसा उभर गया ,

कि आंखों से सीधे दिल में उतर गया।

तब से किताब का हर पन्ना खुशग़वार है।

हर शब्द में मोहब्बत, हर वाक्या में प्यार है।।

मन में एक खिड़की है, जिनसे बहुत सी यादें दिखती हैं ।
इमारत खडी है आज जिन पर, वो बुनियादें दिखती हैं ।।

खिडकी से झाँक के कल देखा, तो एक सखी एक सखा नज़र आए ।
भोले चेहरे, मासूम प्यार, करते मस्तियाँ नजर आए ।।

एक दूजे का हाथ थामे हुए, राहों पर चलते जाते थे ।
अपार स्नेह था आंखों में, रोज घुलते मिलते जाते थे ।।

तब जो बिछड़े तो इस क़दर खो गए, जीवन की भूल भुलैया में;
अपने अपने मांझी ढूंढे, हिचकोले खाती जीवन की नैया में।।

तूफ़ान में एक का मांझी डूबा, दूजे का छोड़ के चला गया ।
दोनो ने पतवार हाथ में ली, और नैया को किनारा बुला गया ।।

जीवन की मौजों ने जाने क्यों, ऐसी कारस्तानी की ।
दोनो को एक नैया में ढकेला, वक्त ने ये शैतानी की ।।

एक दूजे को सामने पाकर, एक दूजे में तल्लीन हो गए ।
बाहर के तूफ़ान से निपटते निपटते, अंदर के तूफ़ान में विलीन हो गए ।।

मोहब्बत, इश्क, वफ़ा के, मायने समझ में आने लगे ।
एक दूजे का हाथ फिर थामे, प्रीत के गीत गाने लगे ।।

तुम्हारी आँखों में आँसू देख; मेरी आँखें भी डबडबाई थीं ।
जब अपनी आपबीती एक दूजे को सुनाई थी ।।

जाने क्यों किस्मत ने छाँटे थे ,तेरे मेरे दमन में सिर्फ काँटे थे ।
पर काँटो को समेटकर भी, हमने फूल खिलाए थे ।
खुशियाँ बाँटी अपने इर्दगिर्द, अपने दर्द छुपाए थे ।।

फिर हम दोनो एक दूजे के, रूबरू आए और हमदम बन गए ।
रहनुमा बने, जानशीन बने, जानेमन बन गए ।।

सालों से तरसती आँखों को एक महरबान चेहरा मिल गया ।
मैंने देखा टटोला तब जाना, जाने कब दिल गया ।।

अब हँसते भी हैं, चाहते भी हैं, एक दूजे के ख्वाबों ख्यालों में आते भी हैं ।
मोहब्बत का इज़हार भी करते हैं, मोहब्बत का इकरार भी करते हैं ।
हर सिम्त, हर समय, एक दूजे से बहुत प्यार करते हैं ।।

बुझी बुझी सी जिंदगी में फिर से एक चाह पा गए हम ।
एक दूजे की लरजती बाहों में पानाह पा गए हम।।

तू उदास ना हो जानेमन, मेरे हाथ में तेरा हाथ है ।
चाहे जो भी मुश्किलें हों, तेरा हमसफर तेरे साथ है ।।

तू परेशान हो, मैं सह नहीं सकता ।
तेरी कितनी चिंता है, कह नहीं सकता ।।

तू बेकल हो तो, मैं तेरा धीरज हूँ ।
नशाद हो तो, खुशी का तराना ।।

तेरे लिए हर शै से भिड़ेगा,
तेरा आशिक पागल दीवाना ।।

हर तकलीफ में बस याद कर मुझे,
तेरे दिल तक पहुँच जाउंगा ।।
तुझे सीने से लगा, हरदम तेरे सब गम भुलवाउंगा ।।

मेरी मोहब्बत सिर्फ अच्छे वक्त के लिए ही नहीं, ये जान ले, मेरी बाँहों के
घेरे में तू महफूज है ।
बुरा वक्त छू न पाएगा यह पहचान ले ।।

मिलन की आस में वक्त के गुज़र जाने का इंतज़ार करते हैं ।
तेरी तस्वीर का नज़ारा, एक बार नहीं सौ बार करते हैं ।

और ख्वाब संजोते हैं के मिलने के बाद क्या होगा ।
ये तो तै है की हर लम्हा बेशकीमती, हर पल नायाब होगा ।

क्यों हर पल बेकली बढ़ती जाती है ।
क्यों हर पल तेरी याद सताती है ।

सोच सोच कर दिल की उमंगे जवान होती हैं ।
तेरी याद में दिन बंजारे और रातें वीरान होती हैं ।

आँखों मे उतर आता है वो मंज़र ,जब हुस्न इश्क से टकराएगा ।
साँस मे हलचल सी मचेगी, मोहब्बत की आतिश, सारे जिस्म में जगाएगा ।

न आपाधापी चारों ओर ,न ये संसार होगा ।
तुम रहोगी मैं रहूंगा और बेपनाह प्यार होगा ।

पर तब तक की दूरी कैसे तै करेंगे हम ;
ये विरह और ये फासले ढाते हैं सितम ।

तब तक तू ख्यालों में ही खुराफात करेगी ।
ख्यालों में ही जानलेवा शारीक-ए-हयात बनेगी ।

जिंदगी के इस हसीन मोड़ पे,

सारी दुनिया को पीछे छोड के ,

मोहब्बत की राह में अब निकल आए ।

अंधेरे छँटे और खुशी के बादल छाए ।।

ज़माने ने खडी दीवारें की, पहरे लगाए,ज़ंजीरें भी।

हम हर पहरे को लांघ के;हर दीवार को फांद के,

जंजीरों को तोड़ के, अपने दिलों को जोड़ के,

एक दूजे में समाए । अपने इश्क पर इतराए ।।

लोगों ने कहा जिंदगी की शाम हो गई,

उमरे दराज़ ही एक इलज़ाम हो गई ।

हमारी मोहब्बत पर किसी को याकीन ना था ।

सब थे, हमारा कोई, लेकिन न था ।।

सारे जहां से बेखबर,

चलते रहे इश्क की डागर ।

और मोहब्बत के नग़मे गाए,

प्यारे प्यारे पल बिताए ।।

अब तो ये हाल है, हमारा तालमेल कमाल है ।
मेरा दिल तुझपर, तेरा मुझपर, निहाल है ।
चाहे कोई भी रोड़ा, हमारी राहों में आए ।
कुचला जाए पूरी तरह, हमारी ठोकरें खाए।।

किसी बात से खुश हो कर, जब तू चहकती जाती है ।

मुझमे खुशी की लहर दौड़ जाती है ।

मोहब्बत जवाँ हो जाती है ।

किसी हास्यास्पद प्रसंग की बदौलत जब तू खिलखिलाती है ।

झरने गिरें, फूल खिलें, श्रोते फूटें, पतझड़ में बहार आ जाती है ।

किसी बात से मायूस हो, आँखों में आँसू भर, जब तू बुदबुदाती है ,

मुझ पर उदासी का आलम छा जाता है,
बस मेरी जान ही निकल जाती है ।

जब जब तेरी आंखें मटकती हैं, उनमें चमक आ जाती है ,बिजली सी
गिरती है दिल पर,

बाँहें तुझे आगोश में लेने को फड़फड़ाती हैं ।

मेरी नज़रों में नज़र डाल के जब तू हौले से मुस्कुराती है,

क्या बताऊँ यारा आग सी लग जाती है तन बदन में,

अरमानों की आँधी आती है ।

नाराज़गी से जब भी तेरी आवाज़ काँप जाती है ।

एक बोझ सा लगता है जीवन, हर चीज बेमानी हो जाती है ।

शरारत से जब तू फुदकती है, और किलकारी लगाती है ।

मेरे अंधेरे जीवन में उजाला होता है, आशा की किरण जग जाती है ।

सुलगती हुई शामा की तरह जब तू मेरे नाम की रट लगाती है ।

मैं भी परवाने सा जलता हूँ, तेरी जवानी ही प्यास बुझाती है ।।

चारो ओर मंडराती मौत से हम दो,

आंख मिचौली खेलते हुए आए ।

लोगों के दिलों में मौत की दहशत थी,

हम मोहब्बत भरे हसीन पल बिताते चले आए ।

लोग जीवन अमृत के वादे से भी डरते हैं,

हम हाथ थामे अमृत की बूंदें लेके चले आए ।।

जाँबाज़, जियाले, बहादुर हों ना हों,

पर एक दूजे के दीवाने ज़रूर हैं ।

हमारी दीवानगी से मुतास्सिर हो ना हो,

अपनी मायूसी से चेहरे बेनूर हैं ।

हम तो हाथ थामे ,तलवार की धार पर भी चल देते हैं,

हमारा इश्क ही हमारा गुरूर है ।।

ये आशिकी का जज़्बा कायम रहे सदा के लिए,

यही दुआ खुदा से करते चले आए ।

तू पागल मेरे प्यार में, मैं तेरे प्यार में,

यही कसीदे पढ़ते चले आए ।।

आजा मेरी जान तुझे सीने से लगा लूँ ।
तेरे मेरे मन की अनबुझ प्यास बुझा दूँ ।।

होठों पर होंठ रखूँ पलकों को चूम लूँ ।
पेशानी से जुल्फें हटा कर गालों को चूम लूँ ।।

तुझे गले से लगा के दुनिया भूल जाता हूँ ।
तेरी मेहरबान नजरों में डूब ही जाता हूँ ।।

तेरी साँसों की खुशबू मेरी साँसों में मिल जाती है ।
तेरे जिस्म की हरारत मेरे जिस्म में समाती है ।।

मेरा नाम जपती तेरी आवाज संगीत जगाती है ।
माधहोश सी तेरी आहें आग लगाती है ।।

जन्नत तलाशते फिरते हैं; लोग जुदा जुदा राहों में,
मेरी जन्नत तो बखुदा हैं; मेरी महबूबा की बाँहों में ।।

तेरे विरह में अंधेरे घेर लेते हैं ।
आज्ञात भय सताता है,
सुख चैन हर लेते हैं ।।

तेरी आवाज़ वो आशा की किरण है,
जो मेरे अंधेरों में उजाला करती है।
मुझे खुशी का एहसास देती है, इत्मिनान भरती है ।।

तुझसे दूर रह कर तेरा प्यार पाने के लिए; बेकरार हो जाता हूँ ।
वक़्त दुश्मन सा लगता है कटता ही नहीं; यादों को ही अपना यार बनाता
हूँ ।।

जिंदगी जो मुश्किल पहेली सी, जहन को परेशान करती है ।
तेरी मौजूदगी में आसान सी, राहों में फूल बिखेरती है ।।

सोचता हूं कभी, कौनसी जानू से

ज्यादा प्यार करता हूँ ?

कभी रूठती मनाती जानू ?

मासूम सी सिकुड कर

मेरी छाती में समाती जानू ?

प्रेमालाप में कामायनी बन,

सारे जिस्म में आग लगाती जानू ?

कभी डाँटती बिगड़ती और फटकार लगाती जानू ?

कभी मेरे अनगिनत चुटकुलों पर जमकर ठहाके लगाती जानू ?

कभी जरा जरा सी बातों पर अपने आँसू बहाती जानू ?

कभी भोली सी आवाज में मुझे नगमे सुनाती जानू ?

कभी लोरी सुन या कहानी सुन बेफिकर सो जाती जानू ?

कभी मेरा हाथ थामे मस्तानी सी बेखौफ चलती जाती जानू ?

कभी यादों के मंज़र, अतीत के किस्से सुनाती जानू ?

कभी लम्बे वार्तालापों में दिलचस्पी की हर बात बताती जानू ?

इन्द्रधनुष में केवल सात रंग हैं ।

मेरी जानू के हजारों ।

खुशगवार मौसम एक ही है ।

वैसे प्यार के मौसम तो है चारों ।।

जानू एक है रूप अनेक हैं ।
मनभावन हैं सारे ।
हर रूप से उतना ही प्यार करता हूँ ,
और करता रहूँगा ,
साक्षी हैं चांद और सितारे ।।

दुनिया की निगाहों के बीच, एक लम्हा चुरा लिया हमने,
किसी की शोख़ निगाहों का सुरमा चुरा लिया हमने।।

तुम थी मैं था और चार दीवारें थीं ।
उसी मे था जग हमारा उसी मे क़ैद बहारें थीं ।।

दीवरें खामोश गवाह थीं हमारी मोहब्बत की ।
और छत साक्षी थी बोसे और प्यार भरी हरकत की ।।

प्रेमालाप में समय कैसे बीता पता न चला ।
तुम्हारी मधुर आवाज ने और नशीले अंदाज ने दिल
फिर से जीता पता न चला ।।

आँखों में सतरंगी सपने लिए ,
ख़ूबसूरत यादें समेटीं अपने लिए ।।

जुदा हुए हम पर फिर भी जुड़े रहे ।
विदा हुए हम पर हमारे मंज़र वहीं पड़े रहे ।।

अब अगले मिलन का इंतजार है ।
फिर से दिल बेताब और बेकरार है ।।

मोहब्बत के मायने नहीं जानते हम,
पर तुमसे मिलने को तरसते रहते हैं ।।

कहना चाहते हैं कुछ और मगर,
सिर्फ एक ही बात कहते हैं ।।

के तुम बिन ना चैन आता है ना करार आता है,
रातों को बैठ कर तारे गिनते हैं ।।

चोट तुम्हें लगती है दर्द हमें होता है,
तुम्हारे आँसुओं के साथ हमारे आँसू बहते हैं ।।

हमारा जिस्म तुम्हारे जिस्म को पुकारता रहता है,
तनहाई मत पूछो कैसे सहते हैं ।।

ख्यालों में तुम्हारे कुछ मंज़र होते हैं,
कुछ मंज़र हम बनाते रहते हैं ।।

वो आहें वो तपिश कहां से लाएँ,
जिन पर जान निसार कर देते हैं ।।

आँखों से हो कर जो दिल में बस गई है,
हम उस तस्वीर को हर वक्त चूम लेते हैं ।।

मोहब्बत के मायने नहीं जानते हम,
पर तुमसे मिलने को तरसते रहते हैं ।।

जब भी ख्यालों की कश्ती तूफ़ाँ में डगमगाती हैं ।

तेरी याद नखुदा बन दौड़ी चली आती हैं ।

जब अंधेरे घेर लेते हैं आँखें रौशनी को तरस जाती हैं ।

तेरी खनकती आवाज़ उम्मीदों के दीप जलाती है ।

जब बेचैनियाँ नैनों से नींद चुरा ले जाती हैं ।

तेरे स्पर्श और आलिंगन से पलकें बेसाख्ता मुंद जाती हैं ।

जिंदगी अगर तपती दोपहर है तो तू शीतल सी छाँव;

जिंदगी अगर खुदा का कहर है तो तू रहमतों से भारी नाँव ।

तू सहारा भी है तू दिलकश नज़ारा भी है ।

तुझ से जिंदगी के मायने हैं तुझ से जीवन गवारा भी है ।

तूने मोहब्बत में मुझे अपना सब कुछ दिया है ।

तुझे कभी इल्म ना होगा कि तू मेरे लिए क्या है ।।

हम दोनो को मिलाया तकदीर ने,
तुम को याद दिलाया एक तस्वीर ने ।
जिंदगी के मेले में तुम तन्हा थी,
जीवन के झमेले में मैं तन्हा था ।
दोस्त थे, हमसफ़र बनाया तकदीर ने ।।

तेरा हाथ चूम कर इश्क का आगाज़ किया ।
होंठ चूमकर इश्क को परवाज़ दिया ।
एक दूजे का दीवाना बनाया तकदीर ने।
एक दूजे के रूबरू लाया तकदीर ने।।

मेरा सारा वक्त तुमने ले लिया ।
बातें मुलाकातें जाने क्या क्या किया ।
तुम पर मेरा रंग चढाया तकदीर ने ।
हमे सुखरू बनाया तकदीर ने ।।

इतना गहरा हुआ मिलन जैसे नदी और किनारे ।
हमारी रातें पराई हुईं और दिन बंजारे ।
हमे एक दूजे में घुलाया तकदीर ने ।
मोहब्बत का जाम पिलाया तकदीर ने ।।

मदहोशी ऐसी की ना आज की चिंता है ना कल की फ़िकर है ।

प्रीत हमारी बुलंद है और पुर असर है ।

मन में हर शै से लड़ने का जज्बा जगाया तकदीर ने ।

हाथ थामे साथ साथ चलते रहने का सपना दिखाया तकदीर ने।।

सपनों में आकार सपनों की रानी बन गई ।
महबूबा तो थी ही अब मेरी जिंदगानी बन गई ।।

तुझ बिन दिन खाली रातें खाली,
चारों ओर लोग हैं लेकिन घेरे रहती है बदख्याली ।।

दिल में समा कर दिल की मेहमान बन गई ।
जानेजा तो थी अब मेरी जान बन गई ।।

मिलन की आस में वक़्त गुज़रता ही नहीं ।
किसी मुकाम पर सुकून से ठहरता ही नहीं ।।

आँखों में तैर कर आँखों की नूर ए नज़र बन गई ।
हमनशीं तो थी ही अब मेरी जाने जिगर बन गई ।।

यादों में आकार कितना सताती है ।
बेकली बदहवासी खूब जगाती है ।।

हलक में समा कर गले की तान बन गई ।
स्वर सुंदरी तो थी ही मेरे गीतों की शान बन गई ।।

दो आँसू तेरी आंखों से छलके,
मेरे दिल पर टपक गए ।
तेज़ाब की दो बून्दों की तरह,
घाव कर गए ।।

न शिकवे रहे न गिले कोई,
शिकायतों के दस्तावेज़ काफूर हो गए ।
हम सारे गम भुलाकर,
तुझे प्यार करने पर मजबूर हो गए ।।

सिर्फ एक ही तरह के आँसू,
देख सकता हूं आँखों मे तेरे,
सिर्फ एक ही तरह के आँसू,
मेरा दिल बरदाश्त कर सकता है ।।

गर तेरी आँखें डबडबाएँ,
तो खुशी के आँसू हों ।
दिन रात ये दुआ,
मेरा दिल ओ दिमाग करता है ।।

जब आँसू पोंछ कर तू मुस्कुराती है,

बड़ा दिलकाश वो नजारा होता है ।

फिर जब तुझे बाँहों मे ले लेता हूँ,

वो एहसास बड़ा खूबसूरत और प्यारा होता है।।

थोड़ी शरारत थोड़ी शिकायत,
तेरी ये अदाएँ भी लाजबाब हैं ।
थोडी नाफ़रमनियाँ, थोडी इनायत,
तीर चलाती बेहिसाब हैं ।।

मेरे दिल में घर करने में,
तेरी मुश्किलें, चढी हुई त्यौरियाँ,
भी कामयाब हैं ।।

तेरे जिस्म की हरारत,
तेरे जिस्म की खुशबु,
नशा कराती हुई शराब हैं ।।

मै तो कबका मर मिटा तेरे नखरों पे,
तेरे जलवों पे,
तेरी सब कारगुजारियाँ नायाब हैं ।।

सिर्फ दिल ही नहीं मिले हैं ।
रूहों के मिलन के हमारे अफसाने,
एक चलती फिरती किताब हैं ।।

पिछले मिलन के अफसाने ।

शोख़ से मासूम से फसाने ।

दो जिस्मों की कसमसाहट,

मोहब्बत से भरे स्पर्श,

रूमानी छटपटाहट,

कैसे बयान करूँ सारे पल वो सुहाने ?

न कोई चिंता, न भय कोई अंजाने ।।

हमारी छोटी सी प्यारी सी दुनिया ।

मैं और मेरे संग मेरी छोटी सी प्यारी सी गुड़िया ।

हर लम्हा हसीन,

मेरे सामने मेरी ख़ूबसूरत नाज़नीन ।

सोचता हूँ तो कई बार अपने मुकद्दर पर,

नहीं होता यकीन ।

कैसे बयान करूँ वो शमा और हम परवाने ?

एक दूजे में खोए हुए दो दिल, एक दूजे के दीवाने ।।

पिछला मिलन हुआ नहीं कि,

अगले मिलन की चाह है ।

क्यों एक बार फिर वीरान सी,

जिंदगी की राह है ।

प्यासा दिल है, प्यासा अधर, प्यासी निगाह है ।

कैसे बयान करूं, वो बेकरारी के गाने ?

वो तड़पते हुए जज्बात, वो उदास से तराने ।।

ये काली घनघोर घटाएँ, ये भीगी भीगी हवाएँ,

दिल में मीठी मीठी सी अगन लगाएँ ।।

ये गीले गीले दरख्त, ये बिखरी बिखरी शाखें और पत्तियाँ,

कानों में गूँजती हुई मेरे यार की हँसी ,और प्यारी बतियाँ ।।

ये आशिकाना मौसम, ये मस्त मस्त सी फ़ज़ाएँ,

मुझे मेरे सोने सोने दिलबर की याद दिलाएँ ।।

ये जगह जगह जमा, हिलता हिलता सा पानी,

जहन में ले आता है माशूका के साथ,

फिरने की रंगीन कहानी ।।

और मैं बैठा हुआ ,खोया खोया सा,

प्यासा प्यासा सा ।

मेहबूबा के इंतखाब में बदहवास बदहवास सा,

तरसा तरसा सा।।

जिसे ख़ुदा की ज़ात पे बेइंतहा यकीन है ।
वही जानता है मोहब्बत का जज़्बा कितना हसीन है ।

मोहब्बत अपने आप में एक मज़हब है और महबूब ही उसका ख़ुदा है ।
आशिकी बंदगी है इसकी, और इसकी आयतें ही जुदा हैं ।

दिलबर मेहरबान हो जाए तो लगे ख़ुदा मेहरबान हो गया ।
माशूका की बाँहों में आशिक को मानो सारा जहान मिल गया ।।

दिल से निकली हर आह इबादत है,
जानम की चाह ही कयामत है ।।

नूर ए नज़र का दिल है शिवला इसका ,
हर दस्तेवेज़ में दिया है हवाला इसका ।।

प्रियतमा की मुस्कान ही जन्नत है,
बिरहा की आग ही दोज़ख़ है ।।

इस की राह में मुश्किलें आएँ तो भी सबाब है ,
काँटों की सेज पर भी आता खुशनुमा ख्वाब है ।।

दीवानगी हर पल फूल खिलाती है ।
यार का नाम लेते ही उसकी महक छा जाती है।।

तेरे रुख़सार फिर छूने की तमन्ना है ।।
तेरे होंठों का रस फिर पीने की तमन्ना है ।।

तेरी जुल्फ़ों के पेच ओ खम में क़ैद तो हूँ एक अर्से से,
तुझे फिर आग़ोश में लेने की तमन्ना है ।।

दो जिस्म जुदा हुए कुछ समय के लिए,
दोनो जिस्मों को साथ पिघलने की तमन्ना है ।।

होशो हवास खो दिए थे तेरी जानीब आके,
तेरे साथ फिर होश खोने की तमन्ना है ।।

मुलक़ातों के सिलसिले तो चलेंगे अभी,
तुझे हमनवा बना सातों पहर देखने की तमन्ना है ।।

तमन्नाओं के तूफ़ान में बह न जाऊं कहीं,
तुझे नखुदा बना के उबरने की तमन्ना है ।।

मन के अंधेरों के बीच तू है रौशनी की किरण ।

मयूसियों की आग में चलती सर्द पवन ।

काँटों की चुभन से निजात दिलता फूलों का चमन ।

ज़िंदगी अगर दोज़ख़ है, तो जन्नत है तेरी अंजुमन ।

मेरी दिलरुबा मेरी दिलनशीन मेरी जानेमन।।

समंदर नज़दीक ही था,
मगर मैं तेरी आँखों में डूब गया ।।

फूलों से लदे दरख्त परिन्दो की चहचहाहट सकून देने लगे,
वारना जद्दोजहद से था ऊब गया ।।

चारो ओर दहशत के सरमाये थे,
पर तेरे साथ गुजारा हुआ वक्त बहुत खूब गया ।।

वो नफरमनियाँ, वो खिलवाड करते हुए शामें गईं,
खुशी और चैन साथ ले गया, जब भी मेरा महबूब गया।।

सालगिरह तो बहुत मनायी मगर; कोई भी ऐसी न थी ।

कई बार खुशी भी छाई मगर; खुशी ऐसी न थी ।

लोगों ने कसमें भी खाईं मगर; कोई कसम सच्ची ऐसी न थी ।

जिस्मों की तपिश लहराई मगर; वो तपिश अच्छी ऐसी न थी ।

नज़रों की फेहिस्त बनायी मगर; बेमिसाल ऐसी ना थी ।

तू जब गले लग मुस्कुराई तो, कोई फ़ज़ा वैसी ना थी ।।

दर्द देने वाले को कहते हैं सितमगर ।
तो प्यार देने वाले को कहते हैं क्या?

ज़ुल्म करने वाले को कहते हैं दरिंदा ।
तो करार देने वाले को कहते हैं क्या?

धोका देने वाले को कहते हैं बेवफा ।
तो साथ निभाने वाले को कहते हैं क्या?

खुशियाँ मिटाने वाले को कहते हैं बेमुरव्वत ।
तो आनंद देने वाले को कहते हैं क्या?

भरोसा तोडने वाले को कहते हैं विश्वासघाती ।
तो भरोसा देने वाले को कहते हैं क्या?

हमदम, दिलबर, वफ़ापरस्त, अंकशयिनी, भरोसेमंद,
मेरी जानू, मेरी जानम..मेरी जानेजा ।।

एक शबनम की बूँद तुमने मेरे होठों पर गिरा दी ।

सालों से तड़पती आत्मा की प्यास बुझा दी ।

हसरतों के बुझते दिये में प्यार की ज्योत जगा दी ।

मुद्दतों से विरान चमन में वफ़ा की कलियाँ खिला दी ।

अब ये आलम है की सुबाह तुम्हारे नाम से शुरू होती है ।

शाम हमारे इश्क के कसीदे पढती है ।

जिंदगी रौशन हुई फिर से,

कदमों से सर तक जवानी चढती है ।

तुम पास हो तो जहान को भूल जाता हूँ ।

दूर हो तो ख्वाबों में, ख्यालों में ,तुम्हें ही पाता हूँ ।

अगर ये दीवानगी है,तो दीवानगी सर आँखों पर,

अगर ये बंदगी है, तो बंदगी जिंदगी के आखिरी कागारों तक ।।

तुम्हारे पहलू में सुख मिला इतना, की ख्वाबों की दुनिया में खो गया ।
तुम्हारी मोहब्बत के आंचल से इत्मीनान हुआ इतना,
की बेख़ौफ सो गया ।।

और देखे ख़्वाब, सुनहरे ख़्वाब, रूपहले ख़्वाब ।
मेरे, तुम्हारे, हमारे ख़्वाब ।
कभी हँसते खेलते हम, कभी शरारत करते हम,
कभी मोहब्बत करते हम,
एक दूजे का हाथ थामे क्षितिज तक चलते हम ।।

खुशी से भरी, चैन से भरी, ख्वाबों की तासीर,
एक दूजे के खून से रंगी, दिल में, एक दूजे की तस्वीर,
जी चाह रहा था ख़्वाबों के नगर में ही रह जाऊँ,
कितना भी कोई पुकारे, हकीकत की दुनिया में ना आऊँ ।।

आँखें खुली तो तुम रूबरू थीं ।
तुम्हारी जुल्फें मेरे कांधे पे, चेहरा सीने पे,
साँसों में तुम्हारे बदन की खुशबू थी ।।

तब एहसास हुआ की हक़ीकत,
ख़्वाब से भी खूबसूरत हो सकती है ।
नज़रें, वो मनभावन नज़रा,
देखते नहीं थकती हैं ।।

तुम साथ होगी तो सफर ए जिंदगी खुशनुमा हो जाएगा ।
राहों के काँटे हट जाएँगे, फूलों का मौसम आएगा।।

वो सुबहा ख़ूबसूरत, वो शाम रंगीली,
वो प्यार का बंधन वो बातें नशीली ।।

बेबाक हुस्न की नुमाइश थिरकते कदमों से,
मोहब्बत का इज़हार जोशीले नगमो से ।।

एक दूजे में लीने हो जाना ।
जहान से बेखबर थक कर सो जाना ।।

फिर तुम मेरी नींद चुरा कर ले गईं ।
यादों के समंदर में दोबारा छोड गईं ।।

हमारी ये प्रीत जीवन संगीत सदा बरकरार रहे ।
नज़दीकीयाँ बढ़ती जाएँ,
हमारे इश्क को किसी की नज़र न लगे।।

जीवन की सरगर्मी में,
एक लम्हा चैन का चुरा लिया हमने ।।

जुदाई तो हर सिम्त छाई थी,
मिलन का एहसास जगा लिया हमने ।।

प्यास थी, हूक थी, बेचैनी थी,
गले लगे तो खुशी का,
मंजर बना लिया हमने ।।

तेरे बिना मैं अधूरा, मेरे बिना तू अधूरी ।
एक दूजे को,
अपना पूरक बना लिया हमने ।।

ग़मज़दा भी थे, मायूस भी थे ।
आग़ोश में आ कर जो खिलखिलाये,
अंधेरों का साया भगा दिया हमने ।।

प्याले उठे, निवाले उठे ।
हलक से नीचे उतरते ही,
अपना रिश्ता निभा दिया हमने ।।

तकसीन लौटी, सुकून लौटा ।
लबों को लाबों से मिलाकर,
इश्क़ फरमा लिया हमने ।।

तुझे बाँहों में ले कर जिंदगी गुलज़ार करता हूँ ।
जाने मन तुझे बस प्यार प्यार करता हूँ ।।

तू नज़रों के सामने हो, तो ख़ुशी का चमन महकता है।
दिल बल्लियों उछलता है, चाहता है, बहकता है ।।

तेरे जाने के बाद हो जाता है वीराना ।
सुबह और शाम का इल्म ही नहीं रहता ।
हर आह कहती है वही अफसाना ।।

मिलन की ॠतु आती है ।
तो खुशी की कलियाँ खिल जाती हैं ।
होठों को तेरे चूमते ही, मन माँगी मुराद मिल जाती है ।।

तेरे गालों की लाली चुरा कर ,
अपने जीवन में रंग भरता हूँ ।।

जानेमन तुझसे मैं बेपनाह मोहब्बत करता हूँ ।।

बस यही ख़्वाब है कि, हर पल तेरा दीदार करूँ ।
तू हर पल मेरे आस पास रहे, नज़रों से तुझे प्यार करूँ ।
तुझे गीत सुनाऊँ, तू तबस्सुम बिखेरे, मैं उसमे खो जाऊँ।
रोम रोम से हर पल इश्क का इज़हार करूँ ।।

तेरे होठों की लाली चुरा के जिंदगी गुलजार करूँ ।
तेरी ज़ुल्फों के साये में सुबह हो, तेरे आँचल की छाँव में शाम ।
हर रात पियूँ मैं तेरे मचलते सौंदर्य का जाम ।
तेरी महकती साँसों से दिल बेकरार करूँ ।।

अपनी बाँहों मे तुझे लेकर मोहब्बत का इक़रार करूँ ।
गले में पहनू तेरी बाँहों का हार ।
तेरी थिरकती उँगलियों को मैं चुमू बार बार ।
तेरे पहलू से उठकर जन्नत भी मिले तो इन्कार करूँ ।।

कुछ कहूँ, कुछ सुनूँ, बातें बेशुमार करूँ ।
तेरे हाथों से निवाले खाकर तुझपर,
प्रीतरस की बरसात करूँ ।
दोनो के जीवन में चाहत के रंग हजार भरूँ ।।

ख़्वाबों से ज़्यादा ख़ूबसूरत हकीकत का इंतज़ार करूँ ।
कभी मैं रूठूँ तो तू मुझे मनाए, कभी तू रूठे तो मैं तुझे मनाऊँ,
तेरा हाथ थामे हुए, हर मुश्किल को पार करूँ।
तेरे साथ ग़म अगर आए तो उसका दमन तार तार करूँ।।

बड़ा मीठा सा है; ये दर्द, इंतज़ार का ।
बढ़ा देता है मज़ा, तेरे मेरे प्यार का ।।

तेरी यादों में गुम थोड़ा बदहवास सा ।
फूलो में लिपटे हुए काँटों के एहसास सा ।।

गीत गाता हूँ; सदा दिल ए बेकरार का ।
बढ़ा देता है; मजा तेरे मेरे प्यार का ।।

न आँखों में नींद है, न आँखों में सपने हैं ।
तुम्हारे स्पर्श के ख्याल, बस वो ही तो अपने हैं ।।

उतरता ही नहीं नशा तेरे खुमार का ।
बढ़ा देता है, मजा तेरे मेरे प्यार का ।।

न मन को चैन है ,न दिल को एहतराम है ।
तन्हा महसूस करें जबकि,चारो ओर आवाम है ।।

किस्सा ये अबका नहीं है, ये है बार बार का ।
बढ़ा देता है मजा तेरे मेरे प्यार का ।।

"इजहार ए इश्क़" का हर सलाम ज़रूरी है ।
"मोहब्बत" का भेजा हुआ हर पैग़ाम जरूरी है ।।

वो प्यार भरी बातें, वो मीठी मीठी सी यादें,
वो फड़फड़ाते होंठ, वो सर्द आहें।।

नज़रों ने जो नज़रों से पिया ,वो जाम ज़रूर है ।
"मोहब्बत" का भेजा हुआ हर पैगाम जरूरी हैं ।।

कभी नींद नहीं, कभी चैन नहीं,
बीतती ये जुदाई की घड़ियाँ नहीं ।।

चाहत जिस रिश्ते का आगाज़ है,
उस रिश्ते का अंजाम ज़रूरी है ।
"मोहब्बत" का भेजा हुआ हर पैग़ाम जरूरी है ।।

सूखी ज़बान तेरी ज़बान की प्यासी हैं ।
चारो ओर महफिलें हैं, फिर क्यों ये उदासी हैं ?

वफ़ापरस्ती का हम पर इलज़ाम ज़रूरी हैं ।
मोहब्बत का भेजा हुआ हर पैगाम जरूरी हैं ।।

मेरी प्यारी सी सहेली, मेरी महबूबा बन गई ।
दिलनाशी, दिलरुबा, जानेजा बन गई ।।

मेरे शुष्क जीवन की बहार बन गई ।
रसवंती, अंकशायिनी, दिल का करार बन गई ।।

जिस्म की पुकार, मन की प्रीत बन गई ।
प्रेम का गीत, जीवन संगीत मेरी मनमीत बन गई ।।

प्यार की बगिया की नरगिस बन गई ।
मेरे दिल की सल्तनत की बिलकिस बन गई ।।

हम मिले, दिल के फूल खिले, हाथ थामे मोहब्बत की,
एक और पायदान चढ गए ।।

आत्मीयता बढी, घनिष्टता बढी, मिलन की राह पर,
साथ साथ बढ़ गए ।।

सपने संजोए, कुछ और बंधन खोए, जाने कितने अफसाने गढ़ गए ।।

खुशनुमा शब थी, अहसास से भारी रातें सब थीं,
एक एक लम्हा संगमरमर में मढ़ गए ।।

जज्बातों के उफान थे, तन बदन के तूफान थे,
अरमानों के बादल बार बारबार उमड़ गए ।।

प्रार्थनाओं के मंदिर थे, दुआओं से भरे मंजर थे,
आलौकिक आनंद से खौफ के खेल बेसाख्ता बिगड़ गए।।

अलग अलग राहों पर चल रहे थे;राहें मिल गईं ।

निगाहें मिली दिल मिले चाहें मिल गईं ।

इतना पास आ गए की जुदाई का भय सताता है ।

इस कदर घुल मिल गए मानो सदियों का नाता है ।

जिसने भी देखा ,बोल उठा ,जोड़ी सलामत रहे ।

मोहब्बत के दरिया में हम निश्चल हो बहे ।

आज आलम ये है कि ख़्वाबों में
ख्यालों में हकीकत में हर सिम्त साथ साथ हैं ।

जमाने से टकरा जाएँगे हम जब हाथों में एक दूजे का हाथ है ।।

तुम ना थी तो जिंदगी विरान थी,
अरमानों का खौफनाक शमशान थी ।।

तुम आईं तो दुनिया गुलज़ार हो गई।
खिज़ा की शुष्क पत्तियाँ काफूर हुईं ।
खाली झोली खुशियों से भर गई,
जिंदगी में बहार हो गई ।।

अब रात दिन में तुम्ही तुम हो ।
नज़रों में बसी हो इस क़दर,
कि साँसों में तुम्ही तुम हो ।।

मिलन भी होता है,
जुदाई भी होती हैं ।
पर हर मुलाक़ात यादगार ,
और जुदाई, मीठी सी अगन देती है ।।

चाह और आह के दरमियान का सफर तब जाना,

जबसे तुम्हें अपनी महबूबा अपनी हमसफर है माना ।

मिलन की खुशी और जुदाई का ग़म तब जाना,

जबसे तुम्हें अपनी दिलबरा अपनी नूर ए नज़र है माना ।।

होठों की पंखुड़ियों को चूमा जबसे,

जिस्म की आग को महसूस किया तबसे।

तुम्हे आग़ोश में लिया ,और खुद को पहचाना।

मोहब्बत के मायने क्या होते हैं तब जाना ।

जबसे तुम्हें अपनी दिलरुबा अपनी हमसफर है माना।।

रिश्ता जुड़ा दिल का,

फिर जिस्म का, फिर जान का,

एक क़ातिल से एक मेहरबान का ।

क़ातिल और मकतूल का रिश्ता तब जाना ।

जबसे तुम्हें अपना सितमगर है माना ।।

तेरी नज़रों से सारे जाम पिये हुस्न के प्यारे,

रुमानियत के अंदाज मोहब्बत के इशारे,

साकी और शराबी का नाता तब जाना,

जबसे मधहोशी में भी तुझे अपना लख़्तेजिगर है माना ।।

कुछ तो सीने मे तड़प रहे थे अरमान,
कुछ तन्हाई का असर था ।।

शमा की तरह पिघल गया मोम सा बदन,
जल उठा, धागे का जो जिगर था ।।

आंधियाँ आईं तूफ़ान आया सैलाब आया;
तूने कुछ कुछ ऐसा कहर ढाया ।।

खामोशी से ही इतनी हकीकतें बयान हुईं,
जिनसे नवाकिफ और बेखबर था ।।

वो खुमारी वो नींद वो सपने वो इत्मिनान हर सिम्त,
शामो सहर था ।।

हर लम्हा ख़ूबसूरत; हर तजुर्बा यादगार,
ख़ुशी में गुम मै ,और मेरा हमसफ़र था।।

हमने जो भी काम किया,
बड़ी शिद्दत से किया ।।

पथरीली थी डगर, कठिन था सफर,
मंजिल से बेखबर, रास्ता ए जिंदगी तै किया ।
बड़ी शिद्दत से किया ।।

अंधेरे घने छा रहे थे, काले साये मंडरा रहे थे,
फरिश्ते भी घबरा रहे थे,
हमने चराग ए दिल जला के रूह को रौशन किया,
बड़ी शिद्दत से किया ।।

तूफ़ान लहरा रहे थे, बादल गड़गड़ा रहे थे,
ज़िंदगी की मयार के टुकड़े हिचकोले खा रहे थे,
हमने तुम्हें अपनी जिंदगी का साहिल अपना नखुदा मुकर्रर किया,
बड़ी शिद्दत से किया ।।

फिर जिंदगी गुलजार हुई, पतझड़ में बहार हुई, फिजा खुशग़वार हुई ,
तुम्हारे हुस्न ओ इश्क का जाम, तुम्हारी नज़रों से पिया,
बड़ी शिद्दत से पिया ।।

तेरा अनमने ढंग से बात करना परेशान कर देता है,
तेरी नराजगी का किस्सा बयान कर देता है ।
कुतुहल जागता है, बेचैन करता है, बेकरार करता है,
क्यूँकि तेरा आशिक तुझे बहुत प्यार करता है ।।

जरा जरा सी बात पर क्यों रूठ जाती है ?
कभी आवाज कंपकंपाती है, कभी तैश में आ जाती है ।
खुदा का शुक्र है जो मनाता हूँ तो जल्दी मन भी जाती है ।
कभी तुझसे खाफा होने का मन करता है ।
कभी स्नेह का एहसास दिल में भरता है ।।

क्यूँकी तेरी नाराज़गी भी एक मोहब्बत की ज़ुबाँ होती है ।
इश्क है मुझसे इसिलिए तो शिकवों से आपा खोती है ।
मन जाती है तो समा ही बदल जाता है ।
खुशी से दिल का वलवला उछल जाता है ।।

और तेरी हँसी, झरने की आवाज की तरह,
तेरी बातें कर्णप्रिय साज़ की तरह,
सबमे तेरा यार रम जाता है ।
कुछ देर के लिए वक्त थम जाता है ।।

घूम रहे हैं कुछ आँखों मे मंज़र;
रंगीली शब नशीली शाम और गरम दोपहर ।।

वो तुम्हारी साँसों की खुशबू मधहोश करती हुई,
वो लहराती ज़ुल्फें फरामोश करती हुई ।।

दिल की धड़कने तेज़ रफ़्तार पकड़े हुए,
मेरे फड़कते बाज़ू तुमको जकड़े हुए ।।

कोई परहेज़ नहीं कोई दीवार नहीं,
हर हरकत नायाब हर आदत सही ।।

एक प्यार का संगीत कानों में गूँजता हुआ,
एक प्रीत का गीत लबों को चूमता हुआ ।।

जलवों की रवानी में डूबते हम,
एक मौज से दूसरी मौज को थामते बिखेरते हम ।।

तूफान जो थमा तो उदासी छा गई,
एक तड़प ,एक दर्द ,फिर जाग गई।।

मुझे कभी तन्हा होने का मौका ना दिया ।

तेरी शख्सियत ने इस क़दर मेरा वक़्त अपने नाम किया ।

गम के अंधेरे, नशाद सा मन,

न कोई आत्मीयता, न कोई अपनापन,

तू ने सीने से लगा कर इश्क का ऐलान सारे आम किया ।

ज़ख्म भी थे, नसूर भी थे, कुछ कसूर था हमारा, कुछ बेकसूर भी थे ।

तू ने अपने लबों से मेरी आँखों का हर आँसू बेइल्ज़ाम पिया ।।

बहुत नाज़ था अपने हौसले पर, खुद को जियाला समझते थे ।

तू ने अपने आँचल में, मेरी हर कमी को समेटा,

मोहब्बत का एहतराम किया ।

खुशनसीबी मेरी की तुझे पाया है ।

ज़हेनसीब की तुझसा दिलबर ज़िंदगी में आया है ।

तू ने हमेशा बेखौफ मेरा हाथ थाम लिया ।।

तेरे हर आँसू नायाब मोती है मेरे लिए, यूँ ज़ाया ना कर ।
वफ़ा की कसम नाज़ुक होती है, शीशे से भी,
उन्हे आसानी से खाया ना कर ।।

तेरा दिल मुझमे है ,मेरा दिल तुझमे है,
यही हकीकत है, ये मानने में शर्माया ना कर ।।

तू आँखों में है ,मेरी धड़कन में है ।
इस बात पर शुभा, खुदाया न कर ।।

तू अश्क बहाती है तो दिल तार तार होता है मेरा ।
मेरी आग़ोश में आजा फ़िक्र से घबराया ना कर ।।

कैसे मनाऊँ ,तबियत बहलाऊँ तेरी,
फिर से खिलखिला दे ,यूँ सितम मुझपर ढाया ना कर।।

दोनो मिले बादलों की तरह,

बादलों की तरह ही बरस गए ।

दो तपते बदन सावन की रिमझिम फुहारों को तरस गए ।।

इतना स्नेह की दमन भर गया ।

अलौकिक स्पर्श से आँचल भर गया ।

हर लम्हा प्यार भरा,

हर लम्हा रूमानी,

जाने कितने सपने आँखों में बस गए ।।

तू मेरी आग़ोश में ,मैं तेरी आग़ोश में,

इतनी अटखेलियाँ की,

कि नयन मुस्कुराए,नयन हँस गए ।।

फिर जुदा हुए ख़ुशनुमा एहसास लिए,

फिर जुदा हुए पुनर्मिलन की प्यास लिए,

दोनो पाक मोहब्बत के जाल में फँस गए।।

जिंदगी की तपती दोपहर में,

शाम हो, या सहर में ,

तेरा साथ खुशनुमा हवा का झोंका है ।

बड़ी मुश्किल से अरमानों को रोका है ।।

जीवन की तन्हाई में,

चारों और फैलती रुसवाई में,

तेरा साथ दिल को करार देता है ।

मेरे सारे गम हर लेता है ।।

नज़रें मिलती हैं, लब टकराते हैं,

तेरा हाथ थामे हुए ,हम जहान को भूल जाते हैं ।

आग़ोश में तुझे लेते ही, जज़्बात रौशन हो जाते हैं ।।

वो कभी ना ख़त्म होने वाली बातें, वो प्यार के तराने,

वो साँसों की सरगोशी, वो टकराते पैमाने ,

हर लम्हा ख़ूबसूरत ,हर मुलाक़ात यादगार,

छलकता लहराता इश्क़, और सिर्फ प्यार प्यार प्यार।।

बंजर ज़मीन सा शुष्क हो गया था मै,
तुमने प्यार बरसा कर हरा कर दिया ।
ज़रा सूखी डालियों में जान फूँक दी,
खुशगवार चमन को ज़रा कर दिया ।।

तुम से हर मुल।कत एक हीरे की तरह होती है ।
जिनको पिरो कर ज़हन में हार बना रहा हूँ ।
सारी यादें, सारी बातें, संजो संजो कर,
एक रंगीला त्यौहार माना रहा हूँ ।।

बस खुदा से यही दुआ है की हमारे दरमियाँ,
बेपनाह मोहब्बत छलकती रहे ।
इश्क के साए रहें हमेशा,
साँसे एक दूजे की खुशबू से महकती रहें ।।

कल तूने कहा, अच्छा लगता है कोई सिर्फ मेरा है,
तब से ना जाने कितने खुशनुमा एहसासों ने मुझे घेरा है ।।

फिर प्यार भरी नज़रों से तू मुझे देख मुस्कुराई,
तेरी खुशी मेरे दिल से चली, और जिगर तक उतर आई ।।

फिर मिले अधर से अधर, साँसों से साँसों का मिलन,
बदन से टकराता बदन, प्रेमलाप और आलिंगन ।।

तेरी मुलायम हथेली मेरी हाथेली में,
तेरी जुल्फों की खुशबू ना चंपा में है ना चमेली में ।।

आनंद की सीमा नहीं छोटे निवालों में,
प्रीत ही प्रीत चारों ओर, हकीक़त में ,ख्यालों मे ।।

चाहे वक्त रुके चाहे हमपर निछावर जग जाए ।
तेरी मेरी मोहब्बत को किसी की नज़र न लग जाए ।।

पैमाने पूछते हैं, तेरा साकी कहाँ है ?
मैं कहता हूँ, दिल में झाँककर देखो यहाँ है ।
पैमाने बगावत करते हैं कि, तुम्हारे रुबरु क्यों नहीं ?
मैं कहता हूं मेरी गुलाबी होती आँखो में देखो ,बसी है यहीं ।।

पैमाने कहते हैं, तेरे होशोहवास तो हम छीन लेंगे ।
कौन तेरा सरपरस्त होगा ,कौन तुझे सभालेगा,
कौन जाँनशीन होगा ?
मैने कहा जाना कहो, या जानू कहो ,
मेरी जान, मेरी जिंदगी, मेरी साँस, मेरी मोहब्बत,
मेरी कायनात, मेरा जूनून, ये सब तुम पर भारी होंगे ।।

तुम्हे तो सिर्फ मेरे होश पर इख्तियार है,
उसे मेरे सर्वस्व पर इख्तियार है ।
जाम खाली हो गए, सर झुका के सो गए,
मेरी उल्फत के आगे ठहर ना पाए ढेर हो गए ।।

तुझसे मिलने के इंतजार में वक्त कटता नहीं;
तुझसे मिलते ही वक्त के पर उग आते हैं ।
बेकरारी का आलम न पूछो;
हर पल में कितने युग बीत जाते हैं ।
न प्यार पूरा होता है ,न इज़हार पूरा होता हैं ।
नदिया किनारे बैठे कर भी, एक बूँद को तरस जाते हैं ।
आँखों में ठंड पड़ती है ,दिल को सकून मिलता हैं ।
उन लम्हो में एक मुकम्मल जिंदगी जी जाते हैं ।।

जैसे जैसे जुदाई नाज़दीक आती हैं ।
जल बिन मछली की तरह छटपटाते हैं ।
हर मिलन की यादें दिल में संजोए रहते हैं ।
अगले मिलन के आने तक,उन्हीं से काम चलाते हैं।।

तुझसे बात करके सकून मिलता है ।
तेरी हँसी से दिल का फूल खिलता है ।
तुझे आग़ोश में भर कर करार आता है ।
तू जब इठलाती है, तो बहुत प्यार आता है ।।

तेरी नज़रों की शोख़ियाँ एक पैगाम दे जाती हैं ।
तन बदन में एक आग जगाती हैं ।
तू जब मदमस्त हो, हौले से गुनगुनाती है ।
मौसम खुशग़वार होता है, बहार आ जाती है ।।

मुझपर हरकत करते तेरे, हाथ अरमान जगाते हैं ।
लबों से मिलते लब, रस बरसाते हैं ।
मैं सरगम तू मेरा गीत है ।
मैं तेरा आशिक तू मनमीत है ।।

तुझ से मिलकर हँसी आई थी होंठों पर,

तू गई और दिल उदास हो गया ।

रूह को तसकीन मिली थी तुझे बाँहों में भर कर,

अब मन फिर अजीब ख्यालों में खो गया ।

तेरी मुस्कान के साथ जो टपका था खुशी का आँसू,

पल भर मे मेरे ज़ख्मों की मरहम वो कर गया ।

हूक मिटी तेरे जलवों का स्वाद चखकर ,

मेरे अंदर का तूफान जाने कहाँ सो गया ।

तेरी यादें, मीठी यादें चुन-चुन कर,

परेशानी का एहसास विलीन हो गया ।

मोहब्बत, मेरी पाक मोहब्बत पर याकीन कर,

इश्क का जहान सपनों के सागर में डुबो गया ।।

वो कहते हैं; चाहत हूँ; मैं उनकी,

मैं कहता हूँ; वो मेरी जिंदगी हैं ।

वो कहते हैं; इबादत हूँ; मैं उनकी,

मैं कहता हूँ; वो मेरी बंदगी हैं ।

वो कहते हैं; मुझे भुला नहीं सकते,

मैं कहता हूँ वो मेरी धड़कनो की आवारगी हैं ।

वो कहते हैं; भरोसा है मुझपे,

मैं कहता हूँ; वो मेरे खून ए जिगर की रवानगी हैं ।

वो कहते हैं; जी न सकेंगे मेरे बिना,

मैं कहता हूँ; वो मेरी साँसों की दीवानगी हैं ।।

ये तो साफ है कि, तू मुझे प्यार करती है,
मै तुझसे मोहब्बत करता हूँ ।।

जितना तू मुझ पर मरती है ,
उतना मैं तुझ पर मरता हूँ ।।

लोग तुझे आगाह करते हैं,
कहीं मेरी चाहत झूठी तो नहीं ।।

मुझमें सैंकड़ों कमियाँ हैं,
इसी लिए मेरी जिंदगी मुझसे रूठी तो नहीं ।।

उन्हे शक है मेरी नीयत पे,
तुझे याकीन है मेरी चाहत पे ।।

इसी याकीन के लिए,
मैं जान पर खेल जाउंगा ।।

मोहब्बत की जलती शमा को,
चाहत की मशाल बनाउंगा ।।

जिसकी आँच से सारे शकोशुभा दूर हो जाएंगे,
सारे ताने, सारे इल्ज़ाम काफ़ूर हो जाएंगे ।।

और हम साथ चलेंगे सुनहरे भविष्य की ओर,
प्यार से हाथ थामे हुए रुपहले क्षितिज की ओर।।

एक बार मिलके बिछड़ते हैं,
तो अगली मुलाक़ात का इंतज़ार शुरू हो जाता है ।।

हर मुलाकत में तुझे देख लगता है ,
मानो चांद बदली से निकल आता हैं ।।

फिर रगों में सनसनी मच जाती है ।
दिल तड़प तड़प कर आवाज लगाता है ।।
मेरी आग़ोश में जब तू समा जाती है ,
बदन रह रह कर तेरा नाम चिल्लाता है ।।

जब भी मिलते हैं ,रोम रोम पुलकित हो जाता है ।
मिलन होता है सिर्फ जिस्मों का ही नहीं ,
रूहों का मिलन कयामत बरपाता है ।।
आँखों से बरसते सितारों से मानो, सारा जीवन जगमगाता है ।।
बेफिक्र सी नींद के हिलोरों से,
वक्त का हर लम्हा थम जाता है ।।

जिंदगी बदल रही है,

एक फांस सी चुभ रही है ।

बदहवास सा मैं बगलें टटोल रहा हूँ,

तुझको ढूँढ रहा हूँ ।।

कौन ढाढस बंधाएगा ?कौन सीने से लगाएगा ?

कौन प्यार से सुलाएगा? जहन की परतें खोल रहा हूँ ।

तुझको ढूँढ रहा हूँ ।।

मय से करार कहाँ ?खुशी से इन्कार कहाँ ?

तुझ जैसा प्यार कहाँ? मधहोशी में भी तेरा नाम बोल रहा हूँ ।

तुझको ढूँढ़ रहा हूँ ।।

तू आ नहीं सकती मैं पहुँच नहीं सकता।

दिल के अरमान इतने कि सह नहीं सकता। क्यों आँख का हर मोती तेरी
राह है तकता ?

तन्हाई का हर लम्हा पालकों से तोल रहा हूँ ।

तुझको ढूँढ रहा हूँ ।।

तू सामने होती है तो ज़िंदगी गुलज़ार लगती है,

तू सामने ना हो तो तबियत बीमार लगती है।।

तन्हा हो जाता हूँ तेरे बगैर,हर आह एक अफसाना।

बेखुदी मे जाने क्या कर जाए ये दीवाना।

जिन ज़ख्मों पर मरहम किया तूने,

वो चीखने लगते हैं ।दर्द की बारिश में हम,

भीगने लगते हैं ।।

आ जा और अपनी बाँहों मे भर ले,

मेरी परेशनियाँ, मेरी तन्हाईयाँ,

अपनी मोहब्बत से हर ले ।।

इंतज़ार कर कर थक गया हूँ मैं,

तेरी जुदाई से बाख़ुदा बहक गया हूँ मैं ।

मय है पर साकी नहीं,

होशो हवास खोकर भी, चैन बाकी नहीं ।।

और क्या कहूँ?

कैसे अर्ज़ करूँ? तू ही बता निर्जीव तस्वीर में

मैं कैसे रंग भरूँ ?

आज तू है ,महफ़िल है ,मैं तन्हा यहाँ ।
मय है, सागर है, पर कहाँ हमनवा ?।।

एक अतीत तेरा भी है,
एक अतीत मेरा भी है । अंधेरी रातों के बाद का सवेरा,
लालिमा लिए हुए, गहरा भी है,प्यारा भी है ।
दिल ढूँढ रहा है तुझको, तू नही है यहाँ।।
बेखुदी का ये आलम है,
कि ज़ख्म कुरेद रहा हूँ । दर्द है,टीसें हैं,पर खुशी के सपने खरीद रहा हूँ ।।

रूमानी,रूपहले,सुहाने सपने।
नूरानी,लुभावने,मनभावने सपने।
जिनमे तू भी है ,मैं भी हूँ, और हमारा प्यार।
मेरी बाँहों में छाती से लगी तू,सारी दुनिया दर्किनार ।।

मोहब्बत का फलसफा भी अजीब होता है।
माशूका के दामन में सर रखकर,
आशिक रोता है।।

जब भी तू अपने शिकवे गिनाती है ।
मेरे दिल में और गहरे उतर जाती है ।।
वो भर्राई आवाज वो भोलापन,
उसके बाद निकलती हँसी की किरण।
इन सबसे एक आग लगा जाती है ।।

वो छलकती आँखों से बरसते मोती,
बटोर लेता गर तू पास होती ।।
बाँहों मे भर कर दिलासा दूँ,
या जुल्फों को संवार जरासा दूँ ।।

ये दूरियाँ खल जाती हैं,
बेबस इरादों से उफन, मोहब्बत की लहर जाती है ।।

मोहब्बत है तो शिकवे हैं,
इश्क है तो शिकायतें हैं ।।

तुम्हारे लिए लव्ज़ कुछ,
मेरे लिए आयतें हैं ।।

आज भी अपनी हर अदा से,
घायल कर जाती है ।।

नाराज़गी तेरी अदा है,
मनाना मेरी फितरत है ।।

बेरुखी में भी एक नशा है,
तुझे नाफ़रमानी की इजाजत है ।।

तेरी आवाज़ मुझमे एक आतिश भर जाती है,
ये चुभन ,ये बेचैनी ,पागल कर जाती है ।।

नाशाद था, तन्हा था,
अँधेरों में घिरा हुआ था ।
तुम उजाला बन के आ गईं ।
प्यार का भूखा था सालों से,
तुम प्यार का निवाला लेकर आ गईं ।।

बहुत ज़ख्म हैं दिल पर,
रिसते हैं, कराहने नहीं देते ।
दिल की दावा के साथ तुम,
मेरे लिए,मलाला बनकर आ गईं ।।

हम तो जमींदोस्त हो जाते ,
या बरबाद हो जाते ।
तुम जिंदगी के जाम का,
प्याला लेकर आ गईं ।।

मायूस भी हूँ,
आवेश में भी हूँ ।
तुम मुझे उढ़ाने के लिए,
सुखों का दुशाला लेकर आ गईं ।।

तुम्हारे बिना ज़िन्दगी,
सोच भी नहीं सकता मैं,
तुम मेरी बाँहों में मोहब्बत का ,
हवाला बन के आ गईं ।।

मेरी नफ़रमानियों को माफ़ कर दो ।

खुदा के लिए अपना दिल साफ कर लो ।

तुम्हारी खामोशी क़ातिल है ,बहायेगी मेरा खून ए जिगर,

अपनी बाँहों में ले कर,खुदा के लिए इंसाफ कर दो ।

मै मिट जाउँगा गर तुम ना मानीं,

इस खता को इस बार, नज़रंदाज़ कर लो ।

तुम्हारे ठंडे सालूक से ठिठुर रहा हूं मैं,

अपने बदन को मेरा लिहाफ कर दो ।

मैं सोचता था मोहब्बत एक ख़्वाब है,
और ख़्वाबों की ताबीर कहाँ होती है ?
तुमसे मिलकर जाना ये हकीक़त है ।
और तकदीर से ही मिलती है ।।

वो मीठी सी चुभन,
वो ठंडी सी अगन,
क्या तस्वीरों मे ही ढलती है ?
वो आहें ,वो निगाहें, वो रूठना मचलना,
मोहब्बत की जागीर में ही निकलती है ।।

तू मुझ में समा गई,
मैं तुझमे समा गया ।
ये उल्फत है ना की गलती है ।
तेरे गेसू ,तेरे होंठ, तेरी आँखें,
मेरी जाँबाजी, मेरी आरजुएँ ,
जो दीदार को तरसती हैं ।

इश्क बस गया है,
हर साँस मे मेरी,
हर धड़कन तेरे नाम पर थिरकती है ।

कल तेरे जलवों ने घायल कर दिया ।
मुझे तेरे हुस्न का कयाल कर दिया ।
तेरे गले का हार बनना चाहता था मैं,
पर मुझे तेरे पैरों की पायल कर दिया ।।

सोचा था देख कर दिल को करार आएगा ।
पर नींद उड़ी ,बेचैनी बढ़ी ,
तेरे प्यार ने पागल कर दिया ।।

अब तो बेकरार हूँ तुझे बाँहों में लेने के लिए।
तूने खुद को चंदा,
मुझे बादल कर दिया ।।

तेरे जालवों को चूमू मसल के रख दूँ,
मेरे इश्क को तूने,
तारीफ के काबिल कर दिया ।।

आग उधर भी है ,
आग इधर भी है ,
तूफ़ान में डगमगाती कश्ती का,
तूने मुझे साहिल कर दिया ।।

कब प्यास बुझेगी ?
इसकी खबर नहीं मुझको।
फिल्हाल तो नसीब ने ,
मुझे तेरा शिकार,
तुझे मेरा क़ातिल कर दिया ।।

मुझे अपनी ख़ामियों का एहसास है ।

तुम्हें मेरी खूबियों का एहसास है ।

तुम्हारी नज़रे इनायत का कयाल हूँ मैं,

किसी और की नफ़रमानियों से घायल हूँ मैं ।

दिलरुबा तुझसे प्यार बेइंतेहा है ।

दिलबर जहाँ में तुझसा कहाँ है ।

तेरी बाँहों में सुख है ।

तेरे होठों मे दर्द ए दिल की दवा है ।

मेरी आग़ोश में आ जा,

और अपनी ख्वाहिशें पूरी कर ले ।

मुझसे निकलती खुशी से ,

अपना दामन भर ले ।।

आज बेकरार रहूँगा ।

कल तलबगार रहूँगा ।

परसो प्यार तुझे बेशुमार करुँगा ।

सैंकडों मंज़र आँखों मे तैर रहे हैं ।

हज़ारों नगमे कानो में गूँज रहे हैं ।

तेरी मुस्कान बिजली गिरा रही है ।

रग रग में शोले भड़का रही है ।

कोई चिलमन गवारा नहीं ।

ढँका छुपा यौवन गवारा नहीं ।

हम मिल जाएँगे,

दो बदन न रहकर एक हो जाएंगे ।

एक दूजे में इसकदर समा जाएंगे ।

जैसे इन्द्रधनुष के रंग,

जैसे हंस हंसनी के संग,

जैसे दिया और बाती,

जैसे फूल और पाती ।।

निगेहबान भी तू है,
सरपरस्त भी तू है ।।

मेरा न कोई हमदम,
न हमनवा कोई ।।

मेरे छलनी दिल की,
चाहत भी तू है ।।

टूटकर बिखर गया था मैं,
एक मेहरबान नज़र की आहट भी तू है ।।

मौत से कभी डरा नहीं मैं,
पर जिंदगी की बख़्शी हुई राहत भी तू है।।

न आँखों में चैन न दिल में करार होता है ।
हर वक्त बस तेरा इंतज़ार होता है ।

तुझे बाँहों मे भर कर ही आराम मिलेगा ।
वर्ना जो दीवाना बना दे, वो ही प्यार होता है ।
होंठों से होंठ ,साँसों से साँसें,
नज़र से नज़र जब मिलते हैं ।
तभी चैन बेशुमार होता है ।।

कुछ ही लम्हे साथ गुजरे पर लगता है,
जनमों का नाता है ।
दूरियाँ नजदीकियों में बदल गईं ।
आँखों से दिल तक तेरा प्यार समाता है ।।

तू तू ना रही ,मैं मैं ना रहा,
कुछ बंधन ऐसा बना ।
दिल ये नया रिश्ता,
बड़ी शिद्दत से निभाता है।।

जन्नत की हूर हो ,जाम का सरूर हो,
दिल का करार हो, मेरा पहला प्यार हो ।।

जिंदगी से तो बेज़ार हो चुका था ।
काँटो से दामन तार तार हो चुका था ।।

तब तुम उम्मीद बन कर आ गईं,
दिलो दिमाग पर आशा की किरण बन कर छा गईं ।।

अब आलम ये है की न ग़म है न तन्हाई है,
तुम हो तुम्हारा साथ है तुम्हारे प्यार की शहनाई है ।।

पहली बार आग़ोश में लिया तो वक्त थम गया ।
स्वर्ग ज़मीन पर उतर आया, जाने कहाँ कहर गया ।।

तुमने जिंदगी को फिर से उजागर किया ।
और जिंदगी बन गई मेरी ।।

मौत से नज़रें मिला रहा था ।
बंदगी बन गई मेरी ।।

नज़ुकी तेरे लबों की क्या कहना ?
पंखुड़ी गुलाब की सी है ।।

आँखों की शोखी का क्या कहना ?
बेखुदी तो शराब की सी है ।।

साँसों से जब साँसें टकराईं,
सीने मैं जलन तेजाब की सी है ।।

तुम मेरी आग़ोश में,
मैं तुम्हारी आग़ोश में ,
ख़ुमारी एक हँसी ख्वाब की सी है ।।

तुम्हारी शिकायतें, तुम्हारी तकरार,सर आँखों पर।
इनसे छलकता अपनापन, इनसे छलकता प्यार ,सर आँखों पर ।
शिकवों गिलों की परछाँई में,
स्नेह की बरसती फुहार सर आँखों पर ।।

अंधेरों से घिरा हुआ था,
तूने प्यार की लौ से मेरा जहान रौशन कर दिया ।

परेशनियों से डरा हुआ था,
तूने हौसला मेरे दिल में भर दिया ।

कब दिल में समा गई ,
कब दिमाग पे छा गई ।
कब ख्वाबों में, कब ख्यालों में ?
मेरे जज़्बातों में, मेरे अरमानो में,
मेरे जिस्म में, मेरी साँसों में वबस्ता हो गई,
मंजिल नज़र आने लगी तू रास्ता हो गई ।।

अब तो आलम यह है ।
न सुबह होती है, न रात होती है,
वक़्त रुक जाता है ,जब ना तुझसे बात होती है ।।

जन्नत क्या है ,इसका इल्म नहीं मुझे,
मेरे लिए तो वो पल जन्नत होते हैं ।
जब तुझसे मुलाकात होती है।।

तुमसे रिश्ता दिल का है ,
मेरी धड़कन को पढ़ लो ना ।।

गुस्ताखी ज़ुबान से हुई है,
इस गुस्ताख़ी को बख़्श दो ना ।।

तुम्हारा हर आँसू मेरे लिए बेशकीमती है यूँ ज़ाया ना करो।
मेरी मोहब्बत पर यकीन कर लो ना ।।

तुम्हें प्यार करते हैं करते रहेंगे ,
मेरा दिल चीरकर अपनी तस्वीर में रंग भर लो ना।।

भूल जाओ सारे ग़म ,
और दुनिया भुला दो मुझे ।
एक बार प्यार से अपनी बाँहों में भर लो ना ।।

तेरी जुल्फों को चेहरे से हटाया तो,
उजाला हो गया ।।

उसके बाद जो चखा ।
वो मय का प्याला हो गया ।।

उसका सुरूर आज भी ,
दिलो दिमाग पर छाया है ।।

तुमसे रिश्ता दिल का है ,
बिना माँगे या इलाही बहुत कुछ पाया है ।।

बंद आँखों को चूमता हूँ ,तो नींद उड़ जाती है।
हर समय हर हाल मे तेरी याद आती है ,
एक अजीब सा एहसास ए बदहवासी है ।।
तुमसे रिश्ता दिल का है ।
एक अजीब सी हुक है,मानो रूह प्यासी है ।।

याकिन है मिलन होगा । पर वक्त मानो थम गया है।
न कटता है न बीतता है , मानो पत्थर सा जम गया है ।।

हाथों में हाथ थामे चले थे कभी।
आज मेरे हाथों को चूमकर वही हमदम गया है।।

आरज़ुओं और हसरतों पर पहरे लगाने पर न जा ।

वक़्त की मोहताज न बन औरों के अफसाने पर न जा।

हौसला है तुझमे औरों की ज़िंदगी संवारी है,

अपनी ज़िन्दगी को दीवारों के दरमियान बेबस बनाने पर न जा।

हमसफर ना सही हमनवा तो बन सकती है,

ख़ौफ का दामन थाम कर अन्दर ही अन्दर घुट जाने पर न जा।

दोस्त रक़ीब जो चाहेगी मिलेगा मुझमे ,

भरोसा कर ज़माने के ताने पर न जा।

मानता हूँ हर आरज़ू ज़िन्दगी मे पूरी दरसल नहीं होती।

पर बिना आरज़ू ज़िंदगी मुकम्मल नहीं होती।

9 789356 106895